위기의 일본, 변화의 일본

"잃어버린 10년"의 정치경제

"잃어버린 10년"의 정치경제

위기의 일본 변화의 일본

김용복 | 조재욱 지음

경남대학교 출판부

가까운 나라 먼 민족, 일본의 이해를 위해

한반도 남쪽 바다에서 일본 큐슈지방까지는 쾌속선을 타면 3시간이내면 도착한다. 물론 쓰시마 섬까지는 더욱 가깝다. 비행기로 갈 수 있는 해외의 최단 거리가 아마도 일본이다. 많은 점에서 유사하기도 하고, 서로간 많은 영향을 주고 받았다. 한국에서는 고대에 준 문화적 영향을 강조하지만, 일본에서는 한국근대화에 미친 영향을 자랑한다. 일본의 문화와 기술은 이미 한국사회의 저변에 침투되어 있다. 지난 몇 년 동안의 "한류 바람"은 한국 문화와 예술이 일본사회에 하나의 트렌드로 자리잡고 있음을 보여주었다.

그러나 한일간에는 다른 얼굴도 있다. 역사교과서 논란, 정신대 할머니들의 시위, 독도문제 등은 양국의 민족주의적 정서를 자극하면서, 양국이 건너야 할 다리가 길고 쉽지 않다는 것을 보여주는 쟁점들이다. 이러한 국내의 정서를 활용하려는 정치인들의 야욕이 더 큰 장애가 되고 있는 것도 양국이 처해진 정치현실이기도 하다.

최근에는 세계화와 정보화의 흐름속에서 한일간의 거리는 더욱 줄어들고 교류와 협력의 필요성이 더욱 증대되어 왔다.

반면에 일본의 우경화의 진전과 정치군사적 역할의 확대 등은 주변국들에게 신뢰와 기대보다는 의혹과 경계심을 불러일으키고 있는 것이 현실이다. 현대 일본을 이해하고, 일본의 앞날을 전망하는 것은 단순한 학문적인 호기심을 넘어서는 현실적이고 중요한 과제임을 최근 국내외 정세는 보여주고 있다.

이 책은 현대 일본을 쉽게 이해하기 위한 교양서로 구상되었다. 깊고 무거운 이야기보다는 쉬우면서도 현대 일본을 이해하는데 중요한 쟁점을 가지고 가볍게 읽을 수 있도록 기술하고자 노력하였다. 그러나 필자들의 의도와는 달리 어떠한 경우에는 난해할 수도 있으며, 때로는 무거운 내용도 있을 것이다. 부족한 점들은 모두 필자들에게 책임이 있다. 앞으로 지속적으로 수정하고 보완할 것이란 약속으로 독자들의 이해를 부탁드린다. 책이 완성되기에 도움을 주신 많은 분들, 특히 출판사 관계자분들께 감사드린다.

2009년 2월

김용복 · 조재욱

■ 목차

제1장

1990년대의 정치경제

■ 제1장

머리말: 1990년대의 정치경제적 의미

쇄국과 사무라이로 상징되던 중세 일본이 근대사회로 변화하게 된 결정적인 계기는 1868년 하층 사무라이 계급에 의해 주도된 메이지유신 때문이었다. 그로부터 100년이 지난 1968년은 일본이 경제강국으로 우뚝 선 해였다. 1964년 도쿄 올림픽을 성공적으로 개최한 일본은 고도성장의 여세를 몰아 1968년에 미국에 이어 GNP 세계 제2위 국가로 뛰어 올랐다. 놀라운 일본의 성공은 세계의 주목을 받았으며, 경제발전의 새로운 모델로 떠올랐다. 이러한 일본의 근대화에는 빛과 함께 그림자도 존재하였다. 그것은 군국주의와 제2차 세계대전이었다. 그로 인한 국내외 피해는 엄청났으며, 지금까지도 일본을 구속하는 요인이 되고 있다. 1990년대이후는 이러한 일본의 거대한 변화를 다시금 되돌아보고, 새로운 길을 모색하는 이른바 위기와 개혁의 시기이다.

이 글에서는 일본의 근대와 현대에 크게 영향을 미친 변화의 물결을 중심으로 세 시기로 나누어 살펴본다. 제1 개혁의 물결은 중세에서 근대로 일본사회를 전환시킨 거대한 변화의 흐름이었다. 제2 개혁의 물결은 근대에서 현대로 일본사회의 근본적으로 변화시킨 역사의 흐름을 일컫는다. 제3 개혁의 물결은 아직 진행 중이다. 1990년대 일본이 직면한 총체적 위기와 도전에 대한 근본적 대응의 물결이 어디로 나아갈지는 아직 불명확하다. 그러나 일본사회가 거대한 변화의 와중에 있다는 사실만큼은 아무도 부인하지 않는다. 그 변화의 원인과 방향을 읽는 것은 현대 일본사회를 이해하는 첩경임에는 틀림없다.

1. 중세에서 근대로, 근대에서 현대로

메이지유신은 일본을 중세에서 근대로 변혁시켰다. 1868년 일어난 메이지유신은 봉건시대에서 막부정권으로부터 소외된 하급사무라이 계급들이 천황을 높이고 오랑캐를 물리친다는 "존왕양이尊王攘夷"의 기치아래 천황을 중심으로 새로운 권력을 창출한 사건을 의미한다. 봉건막부로부터 천황으로 권력이 이양됨으로써 존왕의 가치는 실현되었지만, 미국 흑선의 외압에 의해 개국의 길을 택함으로써 양이의 이념은 일찌감치 사라졌다. 일본적 근대화의 길인 메이지유신이후의 여러 개혁들은 일본을 커다란 변화에 휩싸이게 하였다. 이를 제1의 개혁 혹은 제1의 개국이라고 불리운다. 이 시기는 절대천황제를 규정한 메이지 헌법, 교육칙어, 그리고 부국강병의 방법으로서 국가주의적 산업화 등으로 특징된다. 천황은 정치적으로 주권자이며 절대권력의 소유자(메이지 헌법)이자 정신적으로, 도덕적으로 최고의 권위(교육칙어)를 지닌 신성한 존재였다. 이들의 개혁을 이끈 주체세력들은 도쿠가와 막부에서 소외된 사무라이 계급들이었다. 이들이 권력을 장악하고, 근대적 개혁과 산업화를 추진하였다. 그래서 메이지유신이후의 개혁을 "위로부터의 혁명" 혹은 "민족혁명"이라고 불리운다. 봉건시대의 일본을 근대화된 일본으로 바꾼 제1의 개혁은 일본의 역사에서 매우 중요한 변화의 시기였다.

그러나 일본의 근대화는 동시에 제국주의화와 맞물려 진행되었다. 민권론을 중심으로 한 일본 민주주의의 운동, 다이쇼 민주주의라고 불리우는 정당정치의 시기 등도 존재하였지만, 결국은 대동아공영권이라는 일본에 의한 동아시아 침략이 점진적으로 확산되는 과정이었다. 한국의 식민지화, 만주침략, 태평양전쟁으로 이어지는 일본의 군국주의는 원자폭탄의 투하를 계기로 패전하면서 그 막을 내리게 되었다.

제2의 개혁 혹은 제2의 개국이란 1945년 패전이후 연합국에 의해 강요된 전후개혁을 의미한다. 일본의 군국주의는 만주침략과 태평양전쟁으로 확산되면서 제2차 세계대전의 주범으로까지 나아갔다. 결국 연합국에 의해 무조건 항복한 일본에게는 미국을 중심으로 한 연합국의 개혁에 직면하지 않을 수 없었다. 연합국은 일본이 다시는 전쟁을 일으키지 못하게 하는 것을 목적으로 비군사화정책과 민주화정책을 추진하였다. 이 결과 일본은 주권재민의 원칙과 상징천황제로 상징되는 민주적 개혁과 군대보유와 전쟁을 포기하는 헌법 9조로 집약되는 평화주의적 개혁으로 소위 평화헌법이 탄생되었다. 교육도 개인, 자유, 인권을 강조한 교육기본법이 만들어져 새로운 전후교육의 기본원칙을 제공하였다. 메이지 개혁과 군국주의로 이어지는 전전의 일본은 전후개혁을 통해서 민주주의와 평화주의를 기둥으로 하는 현대적 일본으로 바뀌게 되었다. 이러한 개혁을 추동한 힘이 외부(연합국)에서 나왔다는 의미에서 이 시기의 개혁을 "외부로 부터의 개혁"이라 불리우기도 한다.

그런데 미소간 냉전체제의 도래는 전후개혁을 일정한 정도 후퇴시켰으며, 이후의 일본에서는 미일동맹체제와 보수주의를 두 기둥으로 한 정치체제가 강화되어 왔다. 1955년에 수립된 55년체제는 일본의 고도성장을 뒷받침하면서 장기간 유지되어 왔다. 보수합동에 의한 자유민주당의 수립, 사회당의 통합 등으로 형성된 보혁대립체제인 55년체제는 실질적으로 자민당 장기집권이라는 보수지배를 정착시키면서 38년동안 유지되었다.

이 기간에 일본은 급속한 경제성장을 통하여 명실상부한 경제강국으로 부상하였다. 미국에 이어 제2의 경제강대국이 되었을 뿐만 아니라 1970년대 오일쇼크, 1980년대이후 무역마찰, 그리고 엔고 등의 어려움을 극복하고 안정적인 경제성장을 지속한 일본의 경제발전모델은 다른 나라의 모델이 되어 "일본배우기" 열풍을 불러일으키기도 하였다. 이러한 일본의 경제성장은 국내외적으로 일본의 위상을 제고시켰으며, 일본 국민들의 자긍심을 드높였다. 이를 배경으로 한 정치적 안정과 사회적 통합은 전후 일본체제를 지탱해온 중요한 기반이었다.

그러나 냉전의 붕괴, 거품경제의 붕괴에 따른 장기불황, 자민당 장기집권체제의 종식에 따른 정치의 유동성 등에 의해 1990년대는 새로운 변화와 개혁의 압력에 직면하였다. 정치적, 경제적, 사회적 위기가 일본사회 전반에 걸쳐 진행되어 전후 일본의 성공신화와 자긍심에 심각한 도전을 주고 있어, 일본인들은 이 시기를 역사에서 지워버리고 싶다는 의미에서 "잃어버린 10년"이라 자조적으로 부르고 있는 것이다. 잃어버린 10년이란 다시 말하면 새로운 도약을 위한 총체적이고 근본적인 개혁의 시기라는 의미에서 메이지유신, 전후개혁에 이어 제3의 개혁 물결로 비견되고 있다. 이는 1990년대이후 일본의 변화가 그만큼 일본 역사에 있어서 중요한 위상과 비중을 갖고 있다는 의미이다.

2. 1990년대의 일본: 잃어버린 10년

일본인들에게 1990년대는 "잃어버린 10년"으로 회고된다. 역사에서 지워버리고 싶은 기간이라는 상실과 좌절의 의미가 담겨져 있다. 1990년대에는 무슨 일이 일어났던가? 견고하던 자민당 지배가 붕괴되면서 정계재편과 정당간 이합집산이 혼란스럽게 진행되었다. 일본기적의 기둥이었던 경제가 하루아침에 침체와 몰락의 상징이 되어 버리고 일본인들을 좌절시켰다. 대지진, 종교의 테러, 교육 붕괴, 가족의 해체 등과 같은 혼란과 일탈이 점철되어 사회적 위기가 가중되었다.

첫째, 경제강국 일본에게 장기침체라는 경제적 위기가 지배한 시기였다. 거품경제가 붕괴된 이후에, 부실채권의 처리를 둘러싸고 정책실패, 정치리더십 취약 등이 노정되면서 1997년 금융위기로 심화되는 과정은 일본경제가 갖고 있는 여러 문제들이 응집되어 표출시켰다. 특히 1997년 동아시아 경제위기와 맞물리면서 단지 일본만의 문제가 아닌 동아시아

문제로 확산되는 과정을 겪었다. 이 과정에서 일본인들이 느낀 좌절과 상실은 현재까지도 지속되고 있다고 보인다. 이후에 진행된 개혁은 많은 논란을 낳고 있다. 그동안 일본의 경제성장을 뒷받침한 일본형 경제시스템이 신자유주의적 구조개혁으로 인하여 새롭게 재편되면서 일본경제의 전망과 관련하여 많은 문제를 던지고 있다.

둘째, 1990년대는 일본의 집권당인 자민당의 신화가 붕괴되고, 정치가 큰 혼란과 위기에 빠진 시기이기도 하다. 자민당은 민주적인 선거를 통해서 선진 민주주의국가에서는 볼 수 없는 장기집권을 약 38년동안이나 예외적으로 지속하였다. 이러한 55년체제는 냉전의 종식과 경제불황을 배경으로 하여, 비자민연립정권의 수립, 사회당의 몰락 등으로 급격한 정계개편을 겪어야 했다. 야당의 혼란, 정치불신 등으로 이후 정당정치의 미래는 암울하기 까지 하였다. 정당정치의 불안정은 정치리더십의 취약으로도 표출되어 잦은 수상의 교체와 정책의 빈곤, 외교적 혼선 등을 낳았다. 여야간 정권의 교체가 가능한가, 양당제로 나아가는가에 대한 많은 논의에도 불구하고, 그 기저에는 정당의 재편논의가 자리잡고 있는 상황이다. 정당정치의 유동성이 90년대이후 일본 정치의 전망을 불투명하게 하고 있는 것이 작금의 현실이라고 할 수 있다.

셋째, 1990년대는 사회적으로도 불신과 혼란이 증폭된 시기였다. 1995년의 한신대지진은 이를 상징적으로 보여준 사건이었다. 수많은 피해자를 낳은 것 이외도 한신대지진은 전후 일본을 상징하던 안전신화가 붕괴되고, 위기에 대한 정부와 시민사회의 미숙한 대응으로 일본사회의 거품을 보여준 계기가 되었다. 옴진리교 사건, 교육붕괴, 의료사고 등과 같은 사회적 가치의 혼란과 신뢰의 붕괴는 도처에서 크고 작은 사건을 낳았다. 물질숭배 사상이 지배하던 전후 일본사회에 도덕적, 정신적 기초가 매우 중요한 가치임을 일깨워주는 사건들이 연일 신문지상에 소개되었다. 이는 전후 일본을 지탱하여 오던 사회적 통합과 안전에 대한 근본적인 문제제기였으며, 위기의 일본사회를 드러내주는 사건들이었다.

그렇지만 이러한 1990년대의 총체적 위기는 변화와 개혁의 물결을 일본사회 전반에 침투시켰다. 위기의 일본과 변화의 일본이 바로 동전의 양면인양, 현재 일본사회의 모습을 반영하는 것이다. 그래서 1990년대는 제3의 개국, 변화의 물결로 지칭될 정도의 중요한 의미를 지니고 있는 시기이다. 이러한 변화의 시기에 일본이 어떠한 선택을 하는가는 일본의 미래뿐만 아니라, 가까운 나라인 한국 나아가서 동아시아의 미래에 중요한 영향을 미치게 될 것이다. 여기에 현대 일본사회를 이해하는 열쇠가 있다는 것이 우리의 생각이다. 이러한 문제의식은 1990년대이후 일본의 문제들을 분석하고, 변화의 몸짓을 설명하여 일본의 진로를 고찰하려는 이 책의 집필로 이어졌다.

3. 이 책의 구성

이 책이 다루고 있는 대상이 일본의 정치, 경제, 사회 등 여러 방면이고 긴 기간이기때문에 주마간산의 조망이 그칠 우려가 많음을 안고 있다. 그럼에도 불구하고 현대 일본을 이해하는데에는 이 시기의 중요성이 매우 크기 때문에 다소 무모한 시도를 하였음을 미리 밝혀 둔다. 이 책에서는 구체적인 분석과 설명보다는 전체적인 흐름을 파악하기 위해 크게 주제를 선정하였고, 개괄적인 특징과 쟁점을 부각시키려고 노력하였다. 먼저 1장에서는 근대화의 기점인 메이지 유신부터 현재까지 일본 변화의 큰 흐름을 개괄한다. 이어 현대 일본정치의 이해를 위해서 2장에서는 55년체제가 왜 유지되었고, 어떻게 종식되었는지를 살펴본 후, 3장에서 1990년대이후 일본정치를 연립정부, 선거와 정당의 변화를 중심으로 고찰한다. 4장에서는 잘 나가던 일본경제가 왜 장기불황의 심연에 빠지게 되었는지, 5장에서는 경제 회생은 가능한지 그리고 그 과정에서 일본형 경제시스템에는 어떠한 변화를 야기할 것인지를 전망한다. 이어지는 6장에서는 현대 일본사회가 직면해 있는 가치관의 혼란, 고령화의 문제, 사회적 양극화 등의 쟁점을 기술한 뒤, 7장에서는 일본사회의 우경화 현상을 집중적으로 분석한다. 마지막으로 8장에서는 일본외교가 미국과 동아시아사이에서 갈피를 잡고 있지 못하고 있는 현실을 살펴본다.

여러 가지 변명에도 불구하고, 이 책이 가진 한계는 명확하고, 그것은 필자들의 전적인 책임이다. 좀더 체계적이고 실증적인 연구는 다음의 과제로 남기고 여기서는 필자들의 문제의식과 쟁점 정리만을 소개하는 것에 자족함을, 넓은 마음으로 양해를 구한다.

제2장

위기의 일본정치, 어디로 가고 있나 :

55년체제의 종식과 그 이후

■ 제2장

위기의 일본정치, 어디로 가고 있나: 55년체제의 종식과 그 이후

전후 일본은 고도경제성장과 더불어 자민당의 장기집권으로 주목을 받아왔다. 자민당은 1955년 창당된 이래 1993년 자민당의 일부가 탈당하기까지 38여년동안 집권하여 왔다. 그리고 이 시기는 일본이 패전이후 침체된 경제를 다시금 세계에 우뚝 올라서게 한 시기이었다. 자민당의 장기집권은 고도경제성장을 뒷받침해준 체제로 평가되기도 하였지만, 1990년대 장기불황을 가져다준 원인이라고 지적되기도 하였다.

경쟁적인 선거를 통하여 보수정당이 오랫동안 지배해 온 일본의 정치체제는 집권과 권력유지를 바라는 많은 정치세력의 부러움의 대상이었으며, 학문적으로 이례적인 사례로 관심이 집중되었다. 정당정치의 입장에서는 다당제도 양당제도 아닌 1.5당제 혹은 일당우위정당제predominant party system라는 독특한 제도로 명명되었다. 펨펠T.J.Pempel이라는 학사는 이를 "보기 드문 민주주의uncommon democracy"라고 부르기도 하였다.

일본에서는 이를 1955년에 만들어졌다는 의미에서 "1955년체제"로 명명한다. 55년체제는 38년동안 지속되다가 탈냉전이후 국제정세의 변화와 국내정치에 대한 불신으로 1993년 중의원 선거를 계기로 "역사적 붕괴"를 시작하였다. 물론 자민당의 장기집권을 종식시킨 비자민연립정권은 10개월정도만 유지되었고, 자민당은 다시금 연립정부 형태로 집권당으로 복귀하여 현재까지 집권하고 있다. 그러나 포스트 55년체제는 자민당의 집권이 지속된다는 점에서는 55년체제를 이어받고 있지만, 정당구도와 선거제도 그리고 정치적 환경 등의 변화가 55년체제와는 매우 다른 특징을 가지고 있다.

민주주의의 역사가 오래된 일본에서 보수정당인 자민당이 이렇게 오랫동안 경쟁적인 선거를 통해서 집권할 수 있었던 이유는 무엇인가? 1990년대 일본정치를 불안정하고 유동적으로 만든 55년체제의 붕괴는 왜, 어떻게 일어났는가? 그리고 소위 포스트 55년체제는 어떠한 모습으로 나타날 것인가? 이러한 문제에 대한 고찰은 바로 현재의 일본정치를 이해하는 또다른 방법일 것이다.

1. 55년체제란 무엇인가

1955년 좌파 사회당과 우파 사회당이 합당하여 사회당이 창당되자, 보수정치세력의 통합을 원하는 압력이 재계를 중심으로 강하게 제기되었다. 그에 따라 나뉘어 있던 자유당과 민주당이 합당하여 자유민주당을 창당하게 되었다. 그리하여 1955년이후에는 보수세력을 대변하는 자유민주당과 혁신세력을 대변하는 사회당이 정당정치를 주도하게 되었다. 이 시기에 만들어진 정당정치의 특징은 부분적인 변화를 겪으면서도 38여년간 안정적인 기반위에서 지속되었는데, 이를 "55년체제"라고 불렀다. 이 기간은 일본의 고도경제성장이 이루어진 시기이다. 일본경제는 대체로 1955년부터 1973년까지 평균 9-10% 성장한 고도성장기, 1974년부터 1990년까지를 평균 4-5% 성장한 안정성장기로 구분하는데, 경제자유화, 1,2차 오일쇼크, 무역마찰, 1985년 플라자합의에 따른 엔고 등 여러 어려움을 겪으면서도 지속적인 경제성장을 유지하여 경제강국으로 확고하게 자리매김하였다. 이러한 경제성장을 뒷받침한 정치체제가 55년체제였다고 주장된다. 이는 55년체제가 중상주의, 성장주의, 친기업주의 등을 뒷받침한 정당정치였다는 것을 의미한다.

이러한 55년체제의 개괄적인 특징을 살펴보자.

첫째, 55년체제하에서는 보수당인 자민당과 혁신당인 사회당이 의회내 제1당과 제2당으로 상당히 안정된 기반을 가지고 있었으며, 이러한 보혁대결이 정당정치의 기본축으로 구조화되어 있었다. 〈표 2-1〉에서 보여지듯이 의회의 의석에서 자민당과 사회당은 항상 일정한 비율을 점하는 안정적인 구도였다. 자민당은 의석률이 64.2%-50.5% 사이를 유지하였으며, 1970년대에 하락하다가 1980년대 중반이후에 다소 회복하였지만 장기적인 하락경향이 보였다. 사회당은 35.8%-16.8%의 의석률을 유지하였으며, 역시 장기적인 하락 추세를 보였다.

1960년대 중반이후에는 군소정당이 등장하여 약진하는 모습을 보였다. 1960년 사회당에서 민사당의 분열, 1960년대 후반에 대도시권을 중심으로 한 공명당과 공산당의 의회 진출 등으로 야당의 다당화 현상이 발생하였다. 이러한 다당화 현상에도 불구하고, 의회를 주도한 것은 자민당과 사회당의 보혁대립체제였다.

〈표 2-1〉 중의원 정당별 의석률(%)

	1958. 5.22	1960. 11.20	1963. 11.21	1967. 1.29	1969. 12.27	1972. 12.10	1976. 12.5	1979. 10.7	1980. 6.22	1983. 12.18	1986. 7.7	1990. 2.18
자민당	63.8	64.2	63.0	57.6	61.7	57.8	50.9	50.5	56.2	50.7	59.4	55.9
사회당	35.8	30.8	30.8	29.0	18.5	24.0	24.3	20.9	20.9	22.3	16.8	27.2
공산당	0.2	0.6	1.1	1.0	2.9	8.1	3.7	8.0	5.7	5.3	5.3	3.1
민사당		3.6	4.9	6.2	6.6	4.1	5.7	7.0	6.5	7.6	5.1	2.7
공명당				5.1	9.7	5.9	11.0	11.4	6.7	11.5	11.1	9.0
합계	99.8	99.2	99.8	98.9	99.4	99.9	95.6	97.8	96.0	97.4	97.7	97.9

자료 : 阿部齊 外, 『概說現代日本の政治』(東京大學出版會, 1995) p.30을 참조하여 필요한 부분만 재정리한 것임.

둘째, 55년체제는 형식적으로는 보혁대결이었지만, 내용에 있어서는 실질적인 자민당의 보수지배체제였다. 자민당과 사회당의 장기간 대치에도 불구하고 여야간의 정권교체는 일어나지 않았으며, 기대되지도 않았다. 정권은 자민당의 파벌간에 이동하였다. 〈표 2-1〉에서 보여지듯이 자민당은 항상 과반수이상의 의석을 획득하였으며, 사회당은 자민당 의석의 반정도에 머물렀다. 자민당과 사회당은 각각 서로 다른 링에서 싸우는 파트너였다. 자민당은 "책임정당론"이란 주장아래 집권당으로서의 역할을 강조하였고, 사회당은 정권담당 의욕이 의문시되는 만년야당이란 비판을 당연시하였다. 결국 55년체제는 장기간에 걸친 자민당 정권의 지배 혹은 그 지배구조를 일컫는 개념이라고 할 수 있다.

셋째, 55년체제에서 자민당과 사회당의 장기 하락추세, 정치에 대한 불신의 확대 등이 진전되면서 기권층과 무당파층이 꾸준히 증가하여 왔다. 이러한 기권층과 무당파층은 정치적 변화의 기반이 되기도 하였지만, 한편으로는 적은 득표로도 자민당 지배가 지속될 수 있는 원인이기도 하였다. 〈표 2-2〉에서 보여지듯이 절대적 득표율의 추이를 살펴보면, 자민당, 야당, 기권층이 모두 30%정도로 일정하게 지속되는 투표행태의 3극을 형성하여 왔다. 야당가운데 사회당은 야당의 1/2 정도를 득표하였으며, 이는 자민당의 1/2정도였다. 그래서 일본의 정당체제를 1.5당제라고 명명하였던 것이다.

〈표 2-2〉 절대적 득표율의 추이(%)

구분	1969	1972	1976	1979	1980	1983
자민당	32%	33%	30%	30%	35%	31%
야당(사회당)	32(15)	35(16)	36(15)	32(13)	33(14)	31(13)
기권층	31	28	26	32	25	32

자료: 후꾸오카 마사유키, 『현대일본의 정당정치』 (평민서당, 1987), p.21.

2. 자민당의 장기집권은 왜 가능하였나

자민당 일당우위체제라는 55년체제가 장기간 유지될 수 있었던 이유는 어디에서 찾을 수 있을까? 일반적으로 ①자민당의 정책능력과 지지동원노력 ②사회당등 야당의 비현실적 정책노선과 분열 ③보수주의적 정치문화 ④중선거구제의 제도적 특징 등이 거론되었다.

그런데 문화론적인 설명은 제한적이다. 일본의 독특한 정치문화에서 그 원인을 찾는 입장에서는 일본사람들이 변화를 싫어하고, '수직적인 인간관계'와 합의와 조화를 존중하며, 권력에 종속적인 문화를 가지고 있다는 점 등 정치문화의 보수성을 지적한다. 이러한 견해는 정치적 동학과 제도를 설명하지 못하는 한계가 있다. 따라서 여기서는 선거제도, 자민당의 전략, 사회당의 요인 등으로 나누어 살펴보고자 한다.

중선거구제도

일본의 중선거구제는 55년체제를 밑받침하는 제도적 특징이었으며, 자민당의 장기집권에 유리하게 작용하였다는 주장이다. 득표율에 비해 의석률의 비율이 높아서 '준비례대표제'라고 불리우는 중선거구제도는 한 선거구에서 3-5명의 의원을 선출하는 제도이다. 이 제도하에서는 절대다수의 의석을 목표로 하는 정당은 복수의 후보를 내야 하는데, 이는 자민당 내 후보자간의 경쟁이 정당간 경쟁보다 치열한 경우를 종종 발생시키고, 당내 파벌의 형성 및 강화 그리고 지방의 정당조직 약화 및 개인후원회 조직의 강화가 나타난다. 그리고 선거의 쟁점이 정책이나 국정이슈보다는 지역현안이나 후보자 개인에 초점을 두고 발생하기가 쉽다.

이렇게 한 선거구에 3-5명을 선출하는 중선거구제에서는 동일정당에서 여러명의 후보가 한 선거구에 입후보하여 경쟁하기 때문에 선거에서는 정당보다는 후보자 인물본위의 투표행태가 강해지는데, 후원회조직과 자금면에서 우세한 자민당은 다른 정당보다 유리하였다는 것이다.

중선거구제와 더불어 도시와 농촌의 의석배분 불균형은 자민당에게 유리하였다. 의석이 농촌지역에 과다하게 많이 배분되어 있어서, 농촌에 커다란 지지기반을 갖는 보수정당인 자민당에게 매우 유리하게 작용하였던 것이다.

그리고 일본에서의 사회당 같은 중간규모의 정당에게는 한 선거구에서 최저 1석정도를 확보할 수 있는 가능성이 높기 때문에, 현상유지에 안주하기 쉽고 정당의 경쟁력이 약화될 수 있다.

결국 중선거구제는 다른 야당보다 자민당의 효율적인 선거관리 능력, 집표조직인 개인후원회에 의존하여 지속적인 당선가능성의 제고, 비교적 적은 득표로도 의석을 획득할 수 있기 때문에 다당제화 경향 및 야당의 분열 그리고 도시보다 농촌지역에 의석이 과다배정된 선거구정수의 불균형 문제 등이 자민당에게 유리하게 작용하였다는 것이다.

자민당의 "창조적 보수주의" 전략과 파벌정치

55년체제의 지속성을 자민당의 전략에서 찾으려는 견해는 자민당의 유연한 정책능력과 지지동원의 노력을 강조한다. 자민당은 환경 변화에 유연하게 대응하였고, 여론에도 민감하게 반응하였다. 자민당은 고도성장 노선과 생활수준의 향상을 내세워 국민통합에 성공하였다. 공해문제와 불평등 문제가 부각되자 환경정책이나 복지정책에서도 야당이 주장하는 정책을 도입하기도 하였으며, 농촌의 이익뿐만 아니라 도시의 이익을 정책에 반영하려고 노력하였다. 이러한 자민당의 특성을 펨펠은 "창조적 보수주의creative conservatism"이라 명명하여 자민당의 유연성을 강조하였다.

첫째, 자민당은 지속적으로 지지기반을 확대하려고 노력하였다. 55년체제 형성이후 자민당의 주요 기반은 주로 농촌과 소상공인들이었다. 그러나 농촌인구의 하락이후에도 자민당이 일정한 지지율을 유지하였던 것은 노동자 등 다양한 계층까지 지지기반을 확대하려는 '포괄정당catch-all party'화하려는 노력이 있었기 때문이었다. 그러나 그 방법은 '보조금의 정치'라고 비유되듯이 정부지출의 확대를 통한 것이었다. 일본정부는 보조금의 정치를 통해서 자민당의 지지기반을 유지시켰고, 정치적으로는 중요하지만, 경제적으로 비능률적인 여러 경제부문이나 지방에 대한 관대한 보조금을 지급함으로써 일본의 경제적 변혁에서 평등주의를 조성하였다. 1970년대 재정확장의 결과로 노동자층과 도시주민들에게 지지를 얻기 시작하였다.

둘째, 이러한 지지기반의 확대전략은 정책적 유연성을 낳았다. 이는 혁신자치체의 등장이 계기가 되었다. 혁신자치체란 공산당이나 사회당의 지지를 받은 단체장을 갖는 지방자치단체를 의미하는데, 1960년대 중반이후 주요 대도시지역에서 확산되었다. 혁신자치체의 대두는 자민당 정부로 하여금 기존의 성장위주 정책을 수정하여 '환경과 복지'를 중시하는 정책으로 전환하도록 만든 계기가 되었다. 자민당의 정책적 유연성은 혁신계 정당인 사회당의 정책까지 수용하도록 만들어 야당의 정치적 입지를 축소시키는 결과를 가져왔다.

1970년대 석유위기이후 일본경제가 고도성장에서 안정성장 국면으로 이행됨에 따라 중앙정부와 지방정부의 재정이 급속히 악화되었다. 그리고 사회당과 공산당간의 분열과 대립이 격화되면서 혁신자치체는 무너지고 1970년대 후반에는 보수세력이 지방까지도 다시 장악하였다.

셋째, 자민당은 파벌들의 연합체이었는데, '정당내의 정당'인 파벌은 부정적인 폐해를 가져왔지만, 정치적으로 긍정적인 기능도 존재하였다. 자민당내 총리와 내각의 교체는 파벌간 '의사정권교대'로 정권교체의 효과를 얻을 수 있었다. 특정의 정권이 국민의 불신을 받을 때에는 파벌간 내각교체를 통하여 분위기 쇄신과 내각지지율의 회복을 도모하여 왔다. 이는 집권당이 가질 수 있는 경직성을 극복할 수 있는 중요한 수단이었으며 정당 내적인 유연성을 유지하는 방법이기도 하였다.

사회당의 실패

자민당의 일당우위체제가 장기간 지속될 수 있었던 데에는 사회당을 포함한 야당의 실패가 크게 작용하였다. 야당의 분열에 따른 다당화, 사회당의 비현실적 노선투쟁과 집권능력의 부재 등은 자민당의 장기집권 뿐만아니라 혁신세력의 몰락으로 나타났다.

사회당은 오랫동안 교조적 마르크스주의로부터 현실 노선으로 전환할 수 없었고, 보수에 대항하는 정치세력이 될 수 없었다. 55년체제의 안정기에 접어들면서 사회당이 차지하는 위치는 점차 하락하게 되었다. 특히 1960년 1월 민사당[1]의 창당에 의한 당분열의 타격을 입은 이래 시대의 변화에 대응하지 못하는 경직성만을 보여왔다.

첫째, 사회당의 지지기반은 점점 축소되었다. 초기 사회당의 주요 지지기반은 제2차 산업을 기반으로 하는 노동자였으

1. 민사당은 사회당의 내분으로 우파와 중간파의 일부가 탈당해서 생겨난 정당으로 1960년에 창당되었다. 민사당은 이념적으로 민주사회주의 노선을 표방하였으며 복지를 당의 기본정책으로 삼았다. 민사당의 가장 강력한 지지단체는 250만 조합원을 가진 전(前)일본노동조합총동맹이다.

며, 한 조사에 의하면 노동자의 반 정도가 사회당을 지지하였다. 그러나 1970년대 중반에는 노동자의 1/3정도의 지지를 받는 것으로 감소하였다. 이러한 지지율 하락의 이유는 대체로 산업화의 진전에 따른 적응의 실패, 사회주의에 대한 환멸, 그리고 노동자계층의 축소 등이었다. 더욱이 노동자의 조직율이 하락하고, 3차서비스 산업이 확대되어 화이트 칼라 계층이 증대된 것 등은 직접적인 원인이 되었다. 1975년 이후 일본의 산업구조는 3차 산업 종사자가 전체 50%를 넘게 되었고, 1980년에는 55%에 이르렀다. 노동조합조직률도 1975년 34%, 1980년 31%, 1985년 29% 등 지속적으로 감소하였다.

또한 노동운동 자체도 노사화합형으로 변화가 있었다. 1973년 석유위기로 인해 경제위기가 도래하자 노동운동이 기존의 춘투 등의 방식에서 벗어나서 노사 화합형 노선으로 전환하는 노동운동의 보수화가 진행되었다. 더욱이 사회당의 강력한 지지기반이었던 총평은 1982년-1987년 나카소네 총리시 국철, 일본전신전화공사, 일본전매공사의 민영화방침에 의해 무력화되었고 급기야 1989년 자진해산되었다.

이러한 과정에서 사회당은 새로운 지지기반의 창출을 위한 노력에 적극적이지도, 성공하지도 못했다.

둘째, 사회당이 취한 혁신노선의 문제점이다. 대체로 전후 혁신계의 이념들은 다양한 사회주의 이념, 평화헌법의 가치인 개인주의, 민주주의, 평화주의 등이 모호하게 결합된 상태였다. 그러한 가운데 사회주의권에 대한 환멸(중소대립, 중국의 문화대혁명, 소련의 아프카니스탄 침공 등)로 인하여 사회주의 이념이 매력을 잃게 되자, 사회당은 평화주의와 헌법문제와 같은 국민의 실생활과 떨어져 있는 가치에 집착하게 되었다.

특히 사회당과 자민당의 보혁대립은 서구정당체계에서 보여지는 분배문제를 둘러싼 사회경제적 대립이라기 보다는, 평화헌법개정, 강화정책, 미일안보조약의 개폐를 둘러싼 정치군사적 갈등이었다. 즉 호헌, 비무장중립을 주창한 사회당과 개헌과 미일동맹의 강화를 지지한 자민당의 대립은 기본적으로 전후개혁 특히 자유주의와 평화주의에 대한 평가, 그리고 냉전체제하에서 일본의 안전보장과 대외정책에 대한 판단에서 비롯되었다. 일본의 보혁체제는 전후 냉전체제의 구축과 긴밀한 연계하에 형성된 것이었다. 따라서 소련·동구의 붕괴에 따른 탈냉전의 도래는 사회당 혁신노선의 기반을 침식시키고 일본의 보혁체제에 근본적인 도전이 되었다.

끝으로 더욱 중요한 것이 사회당은 집권을 목표로 선거전략을 세우고 정책적 연합이나 정당연합을 추구하려는 적극적 의지와 동력이 취약하였다는 점이다. 사회당의 집권의지와 능력의 부재는 만년 제1야당의 지위에 안주하게 만들었고, 집권당과의 경쟁보다는 내부의 이념투쟁에 집중하는 비현실적 노선으로 나타났다.

3. 55년체제의 종식

55년체제는 형식적인 보혁구도하에서 실질적인 보수지배를 가능하게 한 체제였다. 탈냉전에 따른 보혁대결의 약화는 정당정치에서 혁신세력의 몰락을 가져왔다. 이는 국제정치적 요인뿐만 아니라 혁신세력의 주체적인 대응의 잘못에 기인하는 것이었다. 이러한 흐름이 1993년 중의원선거에서 표출되었다. 선거결과는 자민당 일당지배의 붕괴와 사회당의 역사적 퇴보였지만, 전체적으로는 보수세력의 승리였다. 55년체제의 한 축이 무너지고, 나머지 한 축을 중심으로 새로운 정계개편이 시작되었다. 이어진 1996년 중의원 선거는 사회당의 몰락을 낳아 향후 정당정치는 보수세력간의 정계개편 즉 보보保保체제의 재편으로 나아가게 되었다. 결국 탈냉전이후 와해되기 시작한 55년체제는 보수세력의 지배라는 그 실질적인 내용이 형식적인 구도와 일치하게 된 "완성"을 통하여 역사의 뒤편으로 사라지게 되었다.

정치불신의 확산과 정치개혁 : 소선거구제의 도입

탈냉전에 따른 혁신세력의 입지 약화, 연이은 정치적 부정사건으로 인한 자민당에 대한 국민의 반감 확산 등으로 정치불신이 팽배하자, 일본정계에는 정치개혁이 초미의 관심으로 대두되었다. 당시 정치개혁은 돈 안드는 선거와 정책정당중심의 선거를 위한 선거자금의 제한, 처벌규정의 강화, 국고부담에 의한 정당조성, 중선거구제의 개정 등을 중심으로 논의되었다. 특히 55년체제를 유지하여 온 중선거구제도의 개정은 자민당 일당지배의 붕괴이후 제기된 정치개혁의 핵심적인 내용이었다. 자민당 일당우위제에서 벌어진 금권정치와 부정부패 사건은 정치적 불신을 팽배하게 하였으며, 이러한 모순이 발생하게 된 제도적 요인으로 중선거구제도에 주목한 정치권은 이를 개정하는 것이 정치불신을 극복하는 방법이라고 생각하였다. 따라서 선거제도 개혁의 핵심이 소선거구제의 도입을 통한 정당과 정책중심의 선거경쟁, 양당제 지향 등이었다.

이러한 정치개혁을 둘러싼 갈등이 자민당의 분열을 가져왔다. 1993년 봄 현행 중선거구제의 개정 등을 주요 골자로 하는 정치제도 개혁법안이 폐안되면서 자민당내 오자와 이치로小澤一郎 중심의 정치개혁세력이 사회당, 공명당, 민사당과 공동으로 미야자와 내각의 불신임안을 가결하여 중의원은 해산되었다. 이어 자민당의 탈당자들이 새로운 정당 신당사키가케와 신생당을 잇달아 창당하였으며, 결국 1993년에 실시된 중의원 선거에서 자민당은 과반수 의석을 획득하지 못하였다. 결국 자민당을 제외한 대부분의 정치세력이 연립정권을 구성하여 호소카와 내각을 발족시키면서 55년체제는 종식되었다.

호소카와 내각은 선거제도의 개혁을 중심과제로 추진하였으며, 소선거구 비례대표병립제, 독일식 소선거구 비례대표병용제, 중선거구 유지, 완전 비례대표제 등이 대안으로 논의되었다. 결국 호소카와내각에서 소선거구 비례대표병립제를 중심으로 한 정치개혁법안의 성립이 추진되어, 연립여당과 자민당 공동으로 1994년 3월 중의원과 참의원을 통과되었다. 이 제도는 대정당에 유리한 소선거구제를 주장하는 자민당과 소수정당에 유리한 비례대표제를 주장하는 사회당이나 공명당 등 야당간의 타협의 산물이었다.

새롭게 통과된 선거제도는 소선거구제로 300명의 의원과 비례대표제로 200명의 의원을 뽑는 병립제였다.[2] 유권자는 소선거구의 후보자투표와 비례대표를 위한 정당투표라는 2표

2. 현재 중의원의 의석수는 비례대표 의석을 20석 줄여, 지역구 300석 비례대표 180석으로 총 480석이다.

를 행사한다. 일반적으로 다수대표제인 소선거구제는 거대정당에게 유리하여 양당제 확립과 정치적 안정을 촉진한다고 지적된다. 이러한 소선거제도는 이권과 직결되는 자민당내의 파벌정치를 청산하고 정당 및 정책중심의 돈안드는 깨끗한 선거를 실현하기 위해 도입되었다. 비례대표제는 전국을 11개 블럭으로 나누어 각 정당별 득표수에 따라 의석을 배분한다. 비례대표 후보명부에 소선거구에 출마한 사람도 등재할 수 있는 중복입후보가 허용됨으로써 소선거구에서 낙선한 사람이 비례대표로 당선될 수도 있었다. 이로써 55년체제를 지탱하였던 중선거구제를 대신하여, 소선거구제를 핵심으로 하는 새로운 정당정치의 시대가 개막되었다.

사회당의 몰락과 보수-보수체제로의 개편

비자민 연립정권인 호소카와 내각에 참여한 사회당은 중대한 기로에 서게 되었다. 호소카와 내각은 선거제도 개혁이 핵심과제였는데, 중의원 선거제도를 중선거구제에서 소선거비례대표 병립제로 바꾸고자 하였다. 그리고 대외정책에 있어서도 사회당을 제외한 나머지 정당들은 호헌평화주의를 지향하기보다는 적극적 국제공헌을 주장하였다. 결국 비자민 연립정부에 참여한 사회당은 소선거비례대표 병립제의 승인과 호헌평화주의 포기라는 당의 운명을 결정하는 노선변경을 하지 않을 수 없었다.

정권복귀를 노리던 자민당은 1994년에 총리직을 매개로 사회당과 연합정부를 구성하였다. 일본수상에 취임한 사회당 당수 무라야마는 사회당의 기본노선을 전환하지 않을 수 없었

다. 자위를 위해서 자위대를 헌법에서 인정하는 것으로, 비무장 중립론에 관해서는 국제적인 냉전구조의 종식으로 그 역사적 역할은 끝난 것으로 보고, 그동안 견지해 오던 비무장, 중립론 노선을 포기하는 결정을 내렸다. 또한 미일안보조약에 관해서는 냉전 후에도 미일안보조약은 반드시 필요하다는 인식을 분명히 하였다. 또한 히노마루日の丸, 기미가요君が代를 국기와 국가로 인정하였다. 이러한 제반문제들은 사회당 내부에 좌우 대립의 주요쟁점이 되었다. 사회당은 더 이상 정책노선에 있어서도 자민당과 구별이 뚜렷한 정당이 아니었다. 사회당은 자민당과 연립정권을 통해 살아남기 위해 노력했다. 그 결과 보혁대결은 사실상 사라졌으며, 사회당도 몰락의 길을 맞이하였다. 1996년 1월 사회당은 사회민주당으로 당명을 바꾸고 생존을 시도했지만, 1996년 중의원 선거를 계기로 군소정당으로 몰락하였다.

정당정치의 '총여당화'

일본의 정당정치는 변하고 있지만, 한가지 분명한 것은 55년체제의 보혁대결 구도는 사라졌다는 것이다. 혁신계 정당은 이제 군소정당으로 전락하였고, 그 정치적 영향력은 사라졌다. 소선거구제가 기축이 되는 현행 선거제도에서 혁신계 정당들이 재기할 가능성은 그리 높지 않다. 결국 55년체제의 붕괴는 일본정당정치의 "총여당화 현상"을 가져왔다. 모든 정당이 잠재적인 여당이 되고 정당간의 정책차이는 소멸되었다.

일본의 정당구도는 보수-보수의 대결이고, 양당제로 나아가든 다당제로 나아가든 그 정치지형은 매우 축소되었음은

확실하다. 자민당 지배의 종언은 선택의 폭을 넓힌 것이 아니라 더욱 좁히고 말았다. 현재 보수화-우경화의 정당정치적 기반이 확고해지고 있다는 것은 일본정치에 있어서나, 동아시아에 있어서 많은 우려를 던져주고 있다.

제3장

1990년대 일본정치의 흐름 :

연립정부 시대의 정당과 선거

1990년대 일본정치의 흐름: 연립정부시대의 정당과 선거

1990년대 일본의 정치는 위기, 혼돈, 정계개편, 정치개혁 등으로 대변되는 불안정의 정치였다. 내각의 수립과 변화는 변화무쌍했으며, 정당의 이합집산도 빈번하였다. 새로운 정치를 실현하려는 욕구와 분위기가 이권과 파벌로 대변되는 구정치의 욕망과 뒤엉키면서 서로의 발목을 잡고 있었다.

1. 무원칙한 연립내각의 구성과 변화

자민당의 분열에서 시작된 55년체제의 종식으로 자민당은 권력을 내주기도 하였으며, 다시 권력에 복귀하였어도 과거와 같은 단독 집권이 어려운 정치환경에 직면하였다. 일본의 의회는 참의원과 중의원의 양원으로 구성되어 있어, 예산이나 법률안이 성립하기 위해서는 양원 모두를 통과해야 한다. 따라서 단독으로 집권하기 위해서는 중의원 뿐만아니라 참의원에서도 과반수 의석을 확보해야 한다. 그러나 55년체제이후 내각은 연립정부로 이어지지 않을 수 없는 상황이었다. 다음과 같이 시기별로 나누어 연립정부의 구성을 살펴보자.

첫째, 자민당의 분열과 비자민 연립정권기(1993.8-1994.6)이다. 아래의 〈그림 3-1〉은 초기 연립정부의 구성을 잘 보여주고 있다. 1993년 7월 새로운 정치질서 창출이라는 국민의 여망 속에서 자민당의 장기집권체제가 붕괴되고 비자민 호소카와 연립정권이 구성되었다. 자민당을 반대하는 7개 정당이 비자민을 기치로 모여서 연립정부를 구성하였던 것이다. 비자민 호소카와 연립정권은 당시 정치개혁의 초점이 되었던 소선거구비례대표 병립제를 골자로 하는 선거제도의 개정 등을 이룩하였으나 연립내부의 갈등으로 사회당과 사키가케가 이탈함으로써 1년도 못되어 붕괴되었다. 하타내각이 2개월정도 지속되었지만, 사회당과 사키가케가 자민당과 연립을 이루면서 비자민 연립정부는 붕괴되었다.

둘째, 자민당-사회당의 연립정권기(1994.6-1996.10)이다. 1994년 6월29일 사회당의 무라야마를 수상으로 자민, 사회, 사키가케 3당의 자민당 연립정권이 성립되었다. 각료는 자민당 13명, 사회당 6명, 신당 사키가케 2명으로 구성되었다. 연립정권에 참여하면서 사회당은 탈혁신화·현실화 노선을 추구하였다. 55년체제의 주요한 보혁대립의 쟁점이었던 정책을 사회당이 수용함으로써— 미일안보체제의 수용, 자위대의 합헌인정, 일본국가(기미가요), 일본국기(히노마루)의 용인 등— 사실상 보혁대결은 종언되었다. 자민당연립정권에서 배제되었던 보수야당들은 1994년 12월10일 신진당을 결성하였다. 1995년 9월22일 하시모토 류타로가 압도적 지지로 자민당 총재에 선출되고 1995년 12월 신진당 총재선거에서 오자와의 당선으로 일본정계는 보수양당체제로의 현실성이 더욱 높아졌다. 1996년 1월5일 무라야마 수상이 퇴진을 표명하자 1월10일 하시모토를 수상으로 자민당 연립내각이 재구성되었다. 이는 사회당과 사키가케의 협력의 틀에 기반한 연립여당 내의 인물교체로서 자민당이 다시금 정권의 핵심에 복귀함을 의미하였다.

셋째, 자민당의 단독정권 시기(1996.11-1999.1)이다. 1996년 10월 새롭게 개정된 선거제도로 치루어진 중의원 선거에서 자민당이 비록 과반수 의석을 획득하지 못하였지만 비자민 야당세력이 결집한 신진당이 기대했던 성과를 거두지 못하자, 전체적으로 하시모토 정권을 유권자들이 상대적으로 신임한 것으로 받아들여 졌다. 2차 하시모토 내각이 1996년 11월 7일 자민당 단독정권으로 출범하였다. 사민당과 사키가케는 정책협의기구를 통해 각외협력하기로 하였다(〈그림3-1〉 참조). 자민당에 의한 소수단독정권을 55년체제가 붕괴된지 3년3개월만에 복귀시켰다. 그러나 금융위기의 심화에 따른 정책적 혼선과 불신으로 1998년 7월에 실시된 참의원 선거에서 자민당은 야당에 패배하는 결과를 가져왔다. 결국 하시모토 수상은 사임하고 오부치 게이조가 새로운 정권을 구성하였다. 오부치 수상은 무엇보다도 정권의 안정적 기반을 도모하여, 공명당과 자유당을 연립 파트너로 끌어들이려고 하였다.

넷째, 자민당의 연립정권 시기이다(1999.1-현재). 하시모토 수상의 뒤를 이은 오부치 수상은 경기부양 정책의 추진과 보수적 법제도의 정비를 위해서 오자와 세력의 자유당과 창가학회를 기반으로 한 조직력이 강한 공명당을 연립의 파트너로 기위해 노력하였다(〈그림 3-2〉 참조). 1999년 1월 우선 자유당과의 정책적 합의를 성립시키고, 그 해 10월에 공명당을 끌어들여 명실공히 자자공 연립내각을 발족시켰다. 오부치 연립삼내각은 이러한 안정적인 기반 위에서 다수의 정책과 법안을 통과시켰다. 그러나 자민당과 자유당의 합병을 둘러싼 이견으로 오자와의 자유당이 연립에서 이탈하게 되면서 자유당 잔존세력인 보수당과 공명당을 중심으로 자공보 연립내각을 발족시키게 되었다. 그러나 2000년 6월 보수당의 약화로 자민당-공명당의 연립내각이 유지되는데, 이 연립의 틀이 다소의 우여곡절에도 불구하고 지속되고 있다.

〈그림 3-1〉 초기 연립정권의 변화

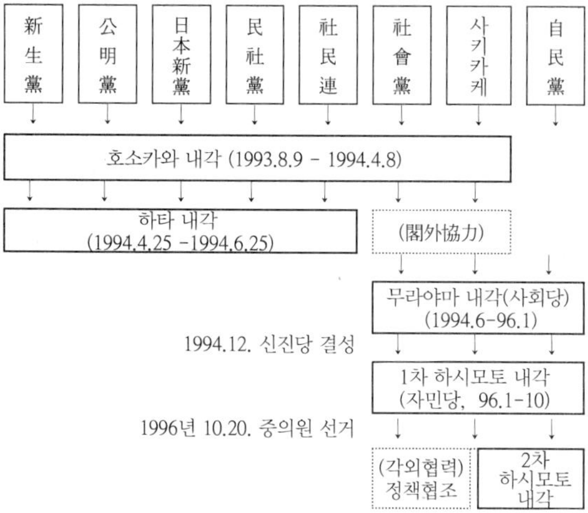

따라서 55년체제가 종식된 이후에 일본의 정치는 연립정권의 시대였다고 말할 수 있다. 이것은 자민당의 단독정부 구성이 중의원과 참의원 모두에서 어려워진 정치현실을 반영한 불가피한 선택이었다. 그러나 연립정부내 파트너들이 이합집산은 일본정치가 상당한 재편과 혼란의 과정이었음을 보여주는 것이다. 특히 정책이나 이념에 상관없이 무원칙하고 권력지향적 연립의 형성은 90년대 일본정치의 혼란을 드러내는 것이었다. 특히 1990년대 중반의 자사사(자민당-사회당-사키가케) 연립과 1990년대말이후 자자공(자민당-자유당-공명당) 연립은 그 정책적 지향이 전혀 달랐음에도 불구하고, 오로지 자민당의 안정적인 집권을 위해 성사된 것이었다. 결국 포스트 55년체제의 특징이 무엇인지는 좀더 안정적인 정치과정이 정착될 때를 기다려야 할 것으로 보인다.

〈그림 3-2〉 자민당 연립정권의 변화

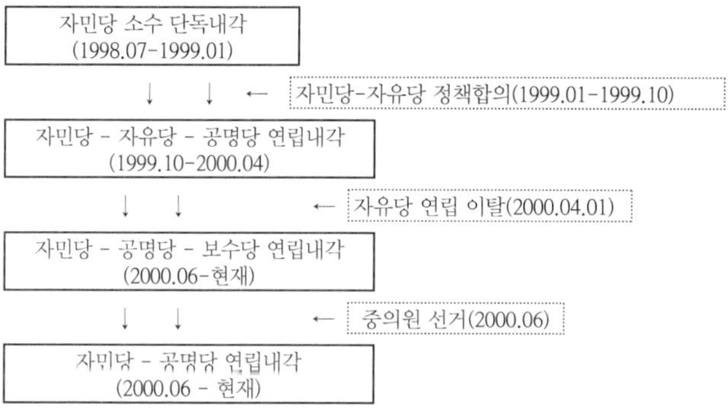

2. 잦은 수상의 교체와 취약한 정치리더십

55년체제가 붕괴된 1993년 8월 호소가와 정권으로부터 2009년 상반기까지 약 16년동안 일본 수상은 10명이나 바뀌었다. 짧게는 2개월부터 약 5여년에 이르기까지 재임기간은 다양하지만, 대체로 1여년 내외의 단임에 그쳐서 수상의 역할과 리더십에 대한 많은 의문을 낳고 있다. 대체로 일본 수상의 리더십이 취약한 것은 연립내각, 자민당의 파벌정치, 내각과 정당의 이원적 권력구조, 강력한 관료조직 그리고 내각내 수상의 지위 미약 등이 지적된다.

〈표 3-1〉 포스트 55년체제이후 역대 수상

재임기간	수 상	특 징
93.8-94.4	호소가와 모리히로(細川護熙) (79대)	비자민 연립정부
94.4-94.6	하타 츠토무(羽田孜) (80대)	비자민 연립정부
94.6-96.1	무라야마 도미이치(村山富市) (81대)	사회당수상(자민연립)
96.1-98.7	하시모토 류타로(橋本龍太郎) (82,83대)	자민당수상, 96.7 참의원선거, 96.10 중의원선거, 98.7 참의원선거
98.7-00.4	오부치 게이조(小淵惠三) (84대)	〈주변사태법〉, 〈국기국가법〉 등
00.4-01.4	모리 요시로(森喜郎) (85,86대)	00.6 중의원선거
01.4-06.9	고이즈미 준이치로(小泉純一郎) (87,88,89대)	03.11 중의원선거, 05.9 중의원선거(우정민영화선거)
06.9-07.9	아베 신조(安倍晋三) (90대)	07.7 참의원선거
07.9-08.9	후쿠다 야스오(福田康夫) (91대)	
08.9-09.8	아소 다로(麻生太郎) (92대)	09.8 중의원 선거

그래서 수상과 정치인들의 권한과 역할을 강화하기 위한 정치개혁 논의들이 행정개혁, 수상공선제론, 관료개혁론 등과 연관되어 제기되기도 하였다. 그러나 이러한 정치제도의 개혁보다는 당시의 정치적 조건, 개인적 성향, 그리고 비젼 등이 각 수상의 업적과 리더십 행사에 더 중요한 영향을 미쳤다. 아래의 〈표 3-1〉은 1993년이후 역대 수상의 변화를 정리한 것이다.

아래에서는 1990년대 중반 자민당을 정권에 복귀시킨 하시모토 수상에서 전후 일본 수상가운데 세 번째로 오래 집권한 고이즈미 수상까지 개괄적인 특징을 살펴볼 것이다.

사회당 및 신당사키가케와의 연합정권에 기반을 둔 하시모토 수상은 1996년 1월 금융위기가 심화된 상황에 출범하였다. 하시모토 수상은 이러한 위기를 극복하기 위한 마스터 플랜으로 행정개혁, 재정개혁, 금융, 지방분권, 사회보장, 교육 등 6대개혁을 전면에 내세웠다. 그러나 금융개혁의 지지부진과 경기악화 등으로 1998년 7월에 치루어진 참의원 선거에서 패배의 책임을 지고 퇴진하였다.

하시모토 수상의 뒤를 이은 오부치 수상은 초기에는 내각 지지율이 꾸준히 상승하는 등 오랫동안 집권할 것이라는 기대를 갖게 하였다. 그러나 자자공 연립해체와 관련된 자유당과의 결별과정에서 뇌경색으로 혼수상태에 빠져 결국 세상을 떠나면서, 오부치 정권은 막을 내리게 되었다. 오부치 수상은 경제재생을 최우선 과제로 하여, 금융재생관련 법안을 형성시키고 금융개혁에는 거액의 공적 자금을 주입하였다. 그리고 공공사업을 중심으로 과감한 경기부양책으로 경제회복을 추구하였다. 그리고 미일안보의 재정의를 법적으로 확인하는 〈주변사태법〉, 국내치안과 관련해서 개인의 권리를 억제하고 국가주의를 강화하는 법률인 〈주민기본대장법〉, 〈통신방수법〉(도청법), 히노마루와 기미가요를 국기 및 국가로 규정한 〈국기, 국가법〉 등을 통과시켰다. 이것은 모두 전후헌법의 이념을 침해할 수 있는 중대한 법안이었지만, 자자공 연립의 협력으로 손쉽게 처리할 수 있었다.

오부치 수상이 뇌경색으로 쓰러지자, 자민당 5인이 밀실에 모여 모리 요시로를 수상으로 추대하였다. 모리 수상은 "일본은 천황을 중심으로 하는 신의 나라"라는 발언으로 이념과 자질의 논란을 제공하기도 하였다. 자민당의 젊은 의원들을 중심으로 내각집행부에 대한 비판이 확산되기도 하였는데, 이를 상징하는 사건이 "가토의 난"이라 불리는 사건이었다.[1] 모리 수상은 내각지지율이 2001년 2월 사상 최저인 9%까지(아사히신문 조사) 떨어지는 인기없는 정권이었다. 결국 2001년 여름 참의원 선거를 앞두고 퇴진하기에 이르렀다.

모리 수상의 퇴진이후 자민당내부에서는 국민의 인기가 높은 대중적인 지도자가 필요하다는 인식이 확산되었다. 이러한 상황에서 고이즈미 준이치로는 소수 파벌 출신임에도 불구하고, 대중적인 인기를 바탕으로 자민당 총재 선거에서 승리하는 이변을 연출하였다. 그는 파벌의 파괴 등과 같은 자민당의 부정, 수상공선제의 검토, 도로공단이나 우정산업의 민영화 등 자민당의 이권정치를 바꾸려는 개혁을 내세워 국민적인 지지를 얻었다. 당시 경기가 매우 어려움에도 불구하고 고이즈미 수상은 경기부양책보다는 규제완화, 민영화, 재정개혁 등과 같은 구조개혁 노선을 중시하여 근본적인 대책을 세우려고 하였다. 특히 대표적인 개혁정책인 우정성 민영화가 의회의 반대에 직면하자, 중의원 해산과 선거를 통해 이를 정면으로 돌파하기도 하였다. 이러한 구조개혁 노선은 경기회생과 체질개선이라는 긍정적인 평가와 더불어 일본의 사회적 양극화를 심화시키고 영미식 시장논리의 부분별하게 받아들였다는 부정적인 평가를 받고 있다.

1. 2000년 11월 자민당의 유력한 차기 수상 후보였던 가토 고이치加藤紘一가 야당과 협력하여 모리내각을 퇴진시키려고 하였으나, 자민당 주류파벌들의 반대로 좌절하게 된 사건이다.

고이즈미 수상이후에는 아베 신조와 후쿠다 야스오, 아소 다로 수상이 각각 1년정도만에 물러났다. 이들은 고이즈미 정권의 개혁적 노력을 지속하면서도 후유증을 극복해야 하는 이중적인 과제에 직면하였는데, 내각의 불상사, 취약한 수상 리더십 등으로 뚜렷한 정책적 성과없이 낮은 지지율로 고생만하다가 물러났다.

3. 선거로 본 정당정치

일본의 정당정치는 오랫동안 자민당, 공명당, 민사당, 사회당, 공산당 등에 의하여 안정적으로 행하여져 왔다. 그러나 55년체제가 무너지면서 정당의 이합집산, 정계재편 등으로 정당정치의 유동성은 강화되어 왔다(〈그림 3- 3〉 참조).

〈그림 3-3〉 90년대이후 정당의 변화

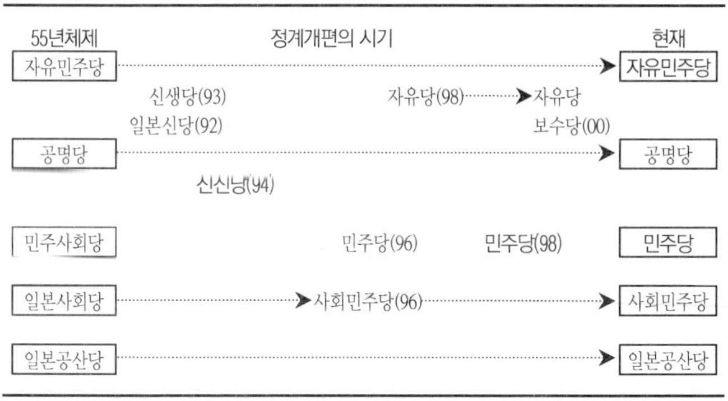

자민당은 일부 정치인들이 탈당하거나, 복당하였지만 큰 변화없이 지속되어 왔다. 제1야당이었던 사회당은 군소정당

으로 전락하여 사회민주당으로 개칭하였으며 일본공산당은 변함없이 지속되었다. 다양한 이합집산을 보인 것은 비자민당 보수-중도계열의 정당들이었다. 이들의 정당재편은 불확실하고 단기적이어서 일본의 정당정치를 퇴보시켰다고 평가된다. 이 들중에 주목할 정당이 신진당과 민주당이다. 이 두 정당은 자민당과 경쟁하는 정당으로 결성되어 정권교체를 목표로 세력을 확산하였다.

신진당은 과거 공명당, 사회당, 신생당, 자민당의 일부 인사들이 모여 1994년에 결성한 정당이었다. 그러나 이어진 1996년 중의원 선거에서 기대했던 결과가 나오지 않고 정권교체의 가능성이 희박해지자 1997년말에 분열하여 애초 당파를 단위로 하는 소규모 정당으로 나뉘어졌다. 신진당에서 나온 오자와 그룹의 자유당과 공명당은 독자노선을 걷기로 하고, 다른 보수 중도계 세력들은 기존의 민주당과 연계하여 1998년 4월에 새로운 민주당을 결성하였다. 후에 오자와의 자유당은 민주당으로 합당하였다.

이러한 정당의 이합집산을 거쳐 2009년 현재 일본의 정당정치는 자민당을 1당으로 하여 군소정당인 공명당이 연립파트너로 존재하고, 제1야당인 민주당이 정권교체를 목표로 자민당과 경쟁하고 있으며, 좌파계열의 공산당과 사민당이 명맥을 유지하고 있다.

이들 정당들이 참여하여 실시된 55년체제이후의 선거결과를 요약하면 아래 〈표 3-2〉와 같다. 1996년이후 중의원 선거는 새롭게 개정된 소선거구-비례대표 병립제로 실시되었다.

〈표 3-2〉 90년대이후 중의원 선거 결과

41회	자민당	신진당	민주당	공산당	사민당	기타	투표율
96.10.20	239(70)	156(60)	52(35)	26(11)	15(11)	12(0)	59.65%
42회	자민당	민주당	공명당	자유당	공산당	기타	투표율
00.6.25	233(56)	127(47)	31(24)	22(18)	20(20)	47(15)	62.49%
43회	자민당	민주당	공명당	공산당	사민당	기타	투표율
03.11.9	237(69)	177(72)	34(25)	9(9)	6(5)	17(0)	59.86%
44회	자민당	민주당	공명당	공산당	사민당	기타	투표율
05.9.11	296(77)	113(61)	31(23)	9(90	7(6)	24(4)	67.51%

* 41회 선거에서는 의석수가 500(비례대표 200)석이었지만, 42회 선거부터는 비례대표 20석이 줄어들어 총의석수가 480(비례대표 180)석이었다.
* 표는 총의석수 5위까지의 정당을 기준으로 하였으면 그 외 정당과 무소속은 기타로 합산하였다.

먼저 중의원의 투표율 추이를 보면, 1993년 중의원 선거에서는 67.26%, 1996년에는 59.65%, 2000년에는 62.49%, 2003년에는 59.86%, 2005년에는 67.51% 등이었다. 대체로 60% 내외의 투표 참여를 보였는데, 2005년 중의원 선거는 우정성 민영화를 둘러싼 논쟁에 기초한 고이즈미 수상의 신임 선거적 성격을 가지고 진행되었기 때문에, 유권자들의 관심과 참여가 높았다고 보여진다.

1996년 10월의 중의원 선거결과를 보면, 자민당이 239석으로 과반수 250석에 미달하는 제1당이 되었다. 따라서 자민당은 사민당과 사키가케의 각외 협력을 바탕으로 소수 단독내각을 출범하게 되었다. 양당제 확립과 정권교체를 추구하고 있던 신진당은 선거에서 좌절하였다. 자민당에 승리하기 위해 여러 정당들이 모여서 만든 신진당은 156석을 획득하여 제1야당이 되었지만, 자민당과의 격차는 크게 벌어졌다. 결국 신진당은 결성후 불과 3년만인 1997년말에 분열하여, 다시금 소규모 정당들로 나뉘어졌다.

2000년 6월 중의원 선거에서는 비례대표 의석이 20석 줄어들어 총 480석을 두고 여러 정당들이 경쟁하였다. 모리 수상이 이끈 자민당은 233석으로 유지하여 과반수에 근접하였지만, 공명당과 연립내각을 구성하지 않으면 안되었다. 1998년 4월에 다수의 비자민 정치세력들이 민주당으로 결집하여 선거에 임하였지만, 민주당은 127석에 획득하는데 그치고 말았다. 이번 선거를 계기로 공명당이 명실공히 30여석의 제3당으로 확고하게 자리를 잡게 되었다.

2003년 11월의 중의원 선거에서는 고이즈미의 자민당이 237석을 과반수 획득에 실패한 반면에 민주당은 177석을 얻어 정권교체의 가능성을 높였다. 특히 비례대표에서는 자민당의 69석보다 많은 72석을 얻어 국민들의 정당지지가 더 높았음을 알 수 있다. 반면에 군소정당들은 의석수가 급감하여 점점 소규모의 정당으로 약화되어 갔다.

2005년 9월의 선거는 고이즈미 수상의 우정민영화 개혁이 의회내의 반대로 좌초하자 중의원 해산에 의해 실시된 선거였다. 따라서 고이즈미 수상 개인의 인기와 더불어 우정민영화 개혁과 기득권 유지의 반개혁이 부각된 선거구도로 말미암아 자민당은 과반수를 훨씬 넘는 296석을 획득하는 성공을 거두었으며, 반면에 민주당은 113석밖에 얻지 못한 참패한 선거였다. 공명당이나 군소정당의 의석수는 지난 선거에 비해 비슷하게 유지되었으며, 민주당의 의석이 자민당에게로 넘어간 선거결과였다.

소선거구-비례대표 병립제가 도입되고 네차례 실시된 중의원 선거는 몇가지 점에서 새로운 변화를 보여주었다. 먼저 거대정당에 유리한 소선거구제는 자민당과 민주당에게 유리하게 작용하였다. 비록 자민당은 과반수 의석 획득에 큰 어려움을 겪었지만, 그에 근접한 의석을 지속적으로 확보할 수 있었으며, 신진당과 민주당은 정권교체의 기대를 갖게 되었으며 제2당의 지위를 독점적으로 누릴 수 있었다. 그러나 군소정당들은 급격하게 약화되었으며 의석획득을 대부분 비례대표에 의존하였다. 특히 55년체제의 한 축을 담당하였던 진보계열의 정당들은 소선거구에서는 거의 의석을 획득하지 못하고 비례대표에서 소수의 의석만을 기대하는 추세가 나타났다. 따라서 포스트 55년체제에서는 보수 양당제적 경향이 강화될 가능성이 높았고, 자민당의 실책과 정치리더십의 부족 등에 의해서 정권교체도 기대할 수 있게 되었다.

제4장

경제강국 일본은 왜 심각한 장기불황에 빠졌는가

■ 제4장

경제강국 일본은 왜 심각한 장기불황에 빠졌는가

전후 일본의 경제는 전쟁으로 인한 산업시설의 파괴와 인적 피해로 인해 거의 마비 상태에 빠지게 되었다. 국토는 전쟁의 피해로 피폐해지고, 건축물·선박·각종 공업용 설비 등의 물질 손실은 엄청 났다. 이렇듯 패전 직후의 일본경제는 전쟁에 의한 막대한 인적·물적 손실로 정상적인 생산 활동이 붕괴되었으며, 물자부족·실업률·인플레이션의 급등 등으로 사회는 크게 혼란되었고 이로 인한 국민생활은 매우 궁핍하였다.

그러나 일본은 정부주도 하의 적극적인 산업정책을 통해 1970년대와 1980년대를 거치면서 경제전성기를 구가하였다. 산업의 측면에서는 생산기술 세계 1위, 주요 제조업 세계선도 등의 성과를 이루었고, 대외적 측면에서는 전세계로 수출시장을 확대하고 동남아를 투자기지화하는데 성공하였다. 그 결과 일본경제는 고도의 성장, 낮은 인플레이션, 엄청난 국제수지의 흑자누적 등의 성과를 거두었다. 한마디로 이 시기 일본은 "Japan as Number One"[1]이었다.

1990년대에 접어들면서 일본의 고속성장은 서서히 브레이크가 걸리기 시작하였으며 1990년대 후반에 접어들면서 "잃어버린 10년"이라는 장기불황을 맞이하게 되었다. "Japan as Number One(일등국가 일본)"에서 "Japan Nothing(아무것도 아닌 일본)"이 되고 만 것이다. 아래 〈표 4-1〉은 1990년대 위기에 빠진 일본경제를 보여주는 통계이다. 성장률의 하락, 실업율의 증가 등은 전후 경제성장과정에서는 경험하지 못한 일본경제의 위기를 나타내는 지표이다. 하지만 무역수지와 외환보유고 통계에서 보여지듯이 일본은 제조업에서 여전히 강한 면모를 유지하여 왔다.

〈표 4-1〉 1990-2000 일본경제 거시지표 추이

(단위: %, 백만달러)

연도	경제 성장률	실업율	수출	수입	무역 수지	경상 수지	외환 보유고
1990	2.0	2.1	287,581	235,368	52,213	44,078	79,707
1995	2.0	3.2	443,116	335,882	107,234	111,044	184,510
1996	2.7	3.4	410,901	349,152	61,749	65,792	217,867
1997	1.6	3.4	420,957	338,754	82,203	96,814	220,792
1998	-2.0	4.1	387,927	280,484	107,443	118,749	216,665
1999	-0.1	4.7	419,367	311,262	108,105	114,604	288,080
2000	2.9	4.7	479,249	379,511	99,738	119,660	356,021

자료 : 日本經濟企劃廳, 『經濟白書』 各年度 참조; 日本總務省統計局, 『日本の統計』 (2008).

그렇다면 1990년대 일본의 경제위기는 무엇을 말하는 것일까? 일본은 어떻게 해서 심각한 장기불황을 맞이하였을까?

1. Japan as Number One은 일본의 경제성공을 대표적으로 표현하는 글이다. 에즈라 보겔(Ezra Vogel)은 *Japan as Number One* 이라는 책을 통하여 일본의 경제와 사회를 극찬하였고, 이 책은 국제사회에서 '일본 배우기' 열풍을 일으키기도 하였다.

1. 장기불황의 출발점은 어디였나

1990년대 후반부터 진행된 일본경제의 심각한 장기불황을 설명하기 위해서는 오랫동안 지속되어 온 고도경제성장이 낳은 국내외적 환경변화를 살펴보아야 한다. 보호무역아래에서 수출의 확대를 통해 무역흑자가 지속적으로 커져온 사실은 국제사회로부터 무역마찰을 불러일으키고 개방의 압력을 받아야 했다. 또한 수출의존적인 경제구조의 변화를 요구하는 국내외의 비판에 직면해야 했다.

〈표 4-2〉에서 보여지듯이 특히 미국과의 무역수지에서 일방적인 흑자가 진행되었다. 미국 상무성 발표에 의하면 1985년 미국의 무역적자는 약 1,221억달러 정도에 달했는데 그 중 대일 적자가 497억 달러나 되었다. 이로 인해 미국과 일본의 경제마찰은 확대되었고, 미국은 대일 무역적자를 개선하는 방법을 모색할 수밖에 없었다. 이에 미국은 일본 시장의 개방을 이끌어내고, 나아가 환율조정을 통해서 무역수지를 개선하고자 하였다. 그 결과 미 행정부는 일본을 상대로 플라자합의Plaza Agreement[2]를 이끌어 내었다. 이 플라자합의가 바로 일본경제 불황의 가장 큰 원인이 된 거품경제bubble economy의 출발점이었다.

플라자합의로 인하여 일본의 엔화는 평가절상하게 되었다. 당시 대장성 상관이었던 다케시다 노보루竹下登는 뉴욕에서 돌

2. 플라자합의란 일본의 대미무역 흑자로 일본과 미국 간의 무역마찰이 심해졌던 1985년 9월 G5 재무장관들이 뉴욕 플라자 호텔에서 모여 '미국의 무역수지 개선을 위해 일본 엔화와 독일 마르크의 평가절상을 유도하며, 이것이 순조롭지 못할 때는 정부의 협조개입을 통해 목적을 달성 한다'는 내용의 합의를 말한다.

아오자마자 대장성과 일본은행을 통해 외환시장 개입을 착수했고, 더불어 엔화의 강세도 진행되었다. 그러나 엔화의 가치는 정부가 초기 예상한 것보다 걷잡을 수 없을 정도로 급격하게 폭등하였다. 개입초기 1달러당 약 240엔 대였던 환율이 1988년에는 1달러당 약 120엔 정도로 하락하였다. 이는 3년 동안 50% 정도 하락한 것으로 일본정부와 업계는 엔화의 강세에 따른 수출채산성 악화를 우려하지 않을 수 없었다.

일본정부는 엔화강세를 저지하기 위해 외환시장에 적극 개입하여 달러를 사들였지만 엔화의 강세는 멈추지 않았고, 이에 일본정부는 일본은행을 통해 대폭적인 금융완화 정책을 해결책으로 제시하였다. 엔화강세의 저지를 위한 금융완화는 재할인금리의 전격적인 인하를 통해 추진되었다. 일본정부는 금리를 2.5%까지 인하 하였다. 일본정부의 금리인하 정책은 시중 은행들이 대출금리를 낮추어 기업들에게 자금공급이 늘어남을 의미했다. 이는 결국 시중에 자금이 풍부해져 엔화의 가치를 하락시킬 수 있고, 한편 기업들은 이자부담이 뚝 떨어지면서 연구 및 설비투자의 확대를 늘릴 수 있으며, 이를 통해 상품수출에 도움을 받을 수 있다. 금리인하의 효과로 1985년 3.5%였던 통화증가율이 1988년에는 13%까지 증가하였다. 그러나 금리인하의 효과는 정부의 시행취지와는 다르게 나타나고 말았다. 금리인하의 효과는 부동산 투기로 이어지고 만 것이다. 그 원인은 이자부담이 낮은 돈으로 땅을 사는 것이 제품을 판매하여 이익을 내는 것 보다 더 큰 수익이 발생하였기 때문이었다.

〈표 4-2〉 일본의 대미 무역흑자수지(1970-1986)

(단위: 억달러)

1970	1975	1980	1981	1982	1983	1984	1985	1986
12	28	122	181	190	217	368	497	586

자료 : U.S. Department of Commerce, *Highlight of US Export and Import Trade,* (1988).

2. 거품경제로 인한 허영의 덫

금리인하를 통해 자금공급을 대폭 늘리는 금융완화가 본격적으로 단행되자, 은행에는 갈 곳을 찾지 못한 자금이 넘쳐흘렀다. 찾아오는 기업들에게 대출하던 관행이 익숙해 있던 은행들은 남아도는 자금을 운용하기 위해 대출경쟁에 돌입하였다. 대출경쟁이 치열하다 보니 일본은행들은 심사를 철저히 하지 않고 대출하는 경우도 생겨났다. 은행에 눈치를 보던 기업이 오히려 큰소리 치게 된 것이다.

자금을 대출받은 기업이나 개인들은 너나 할 것 없이 대출자금을 부동산에 투자하였다. 이는 "땅 값은 오르기는 해도 결코 떨어지지 않는다"는 일본의 "토지불패 신화"가 한몫을 했기 때문이다. 시중 은행들의 대출경쟁도 계속되어 부동산을 담보로 평가액의 120%까지도 대출을 해주었다. 은행은 땅 값이 올라가면 담보가치는 더욱 올라 갈 것으로 예상하고 있었기 때문이었다.

이처럼 일본지가地價의 거품은 서서히 팽창하고 있었다. 토지를 담보로 융자를 받고 융자받은 돈을 다시 토지 투기에 돌리는 어리석은 자산의 확장이 대기업뿐만 아니라 중소기업

그리고 개인에게도 만연되었다.[3] 79만명을 고용하는 부동산 업계는 1,500만명을 고용하는 제조업과 거의 맞먹는 영업이익을 창출하였다.[4] 이 시기 각종 경제저널지에서는 "재테크를 하지 못하면 경영자라고 할 수 없다"라며 거품을 부추기는 평론이 되풀이되기도 하였다. 즉 전문가부터 아마추어에 이르기까지 거품의 향연에 취했던 것이었다. 과도한 부동산 투자 경쟁은 전매때 마다 30-40%의 집값 상승을 가져왔다. 이 당시 "도쿄를 팔면 미국을 살 수 있다"는 농담까지 등장하기도 했다.

거품경제는 일본인들에게 소비생활 패턴의 변화를 가져다 주었다. 거품에 의한 자산가치의 상승으로 뜻하지 않게 돈을 번 사람들은 그것을 다시 소비로 돌렸다. 고급 브랜드로 몸을 치장하고 고급 레스토랑에서 값비싼 식사를 즐기며 고급 승용차를 탔다. 기업은 부동산 매입으로 벌어드린 돈을 레저시설이나 골프장 건설에 앞 다퉈 뛰어들었고 레저에 대한 수요를 불러 일으켰으며, 개인들도 전국의 레저시설과 골프장을 찾으며 삶의 쾌락을 즐겼다.[5] 결국 거품으로 인해 일본 내수시장도 폭발적으로 늘어나기 시작하였다.

이 시기 일본의 기업들은 해외 부동산 투기 및 세계적으로

---

3 1985년 1,049조 엔 이었던 지가총액은 거품경제의 절정기가 막 끝나기 시작한 1990년에 2,200조 엔 까지 불어났다. 특히 도쿄의 경우 1985-1987년 동안 토지가격은 평균 300%나 상승하였다.

4. 佐藤誠, 『リゾート列島』(岩波新書, 1990), p.146.

5. 땅 투기 붐으로 인해 일본에서는 리조트법이 1987년에 발효되었다. 이 리조트법 발효이후 1980년대 말부터 골프장 개발이 폭발적으로 증가하여 1994년경에 완성된 골프장의 수가 2,000개 이상이 되었다. Fumiko, Fujisaki, "All Best off at Slumping Links," *Japan Times*, April 20, 1994.

유명한 미술품 구입에도 열을 올리고 있었다. 대표적인 예로, 미쓰비시 부동산은 미국 자본주의의 상징이라 할 수 있는 록펠러 센터를 사들였고 고흐나 세잔의 명화들은 일본인들에 의해 경매장에서 거의 독점되다시피 하였다.

당시 일본정부와 국민들은 거품경제를 '고도성장의 열매'라고 착각하고 있었다. 일본의 경제기획청은 『경제백서』를 통해 "일본경제는 글로벌화와 자산의 스톡화에 따라 새로운 단계에 들어섰다"고 밝힐 정도로 거품경제를 만끽하고 있었다.

그러나 거품경제의 이익은 일본인 전체에 골고루 나누어지지는 않았다. 도쿄의 집값 폭등으로 임대료도 폭등했고, 도쿄에 거주하던 일반시민들은 도쿄 외곽으로 거주지를 옮길 수밖에 없었다. 도쿄의 위성 인구수는 300만명이 증가했으며, 서민들의 내 집 마련은 점점 어려워졌다. 샐러리맨들의 출퇴근 시간도 2시간 이상 걸렸다. 일본 시민들의 불만은 점점 고조되고 있었다.

이에 정부는 치솟는 토지가격을 억제하기 위하여 1987년 토지거래 감시구역제도를 마련해 은행들에게 권고를 하였지만, 그래도 은행들은 계속해서 대출을 감행하였다. 마침내 1989년 일본은행은 시중에 풀린 돈을 흡수해 땅값을 잡겠다는 의도로 금리인상을 단행하였다. 1989년 5월 2.5%였던 금리는 1년 사이 6%대로 빠르게 인상되었다. 또한 1990년 4월에는 '총량규제'라 불리는 부동산 투기용 융자규제 제도를 도입하였고, 1992년 1월에는 토지의 투기적 거래를 규제할 목적으로 지가세를 도입하였다. 뒤늦은 감이 있었지만 1990년대초 일본정부나 일본은행은 오로지 부동산의 거품제거만을 생각하고 있었다.

그 결과 시중 은행들은 대출거부 및 대출자금 상환을 요구하였고, 시중자금이 마르면서 주가는 곤두박질쳤다. 또한 대출규제로 투기성 매물이 쏟아졌고 지가는 하락했다. 1991년 드디어 거품경제는 붕괴하기 시작하였다. 1993년 전용도全用度 평균 전국 지가지수는 전년대비 7.5%로 하락하였고, 1993년부터 2003년까지 11년 동안 연 평균 8.5%씩 하락하였다. 상당한 수준의 지가의 하락 폭도 놀라운 것이었지만, 그 보다 더 놀라운 점은 10년 이상 기간 동안 잔인한 테러라 할 만큼 한 해도 빠짐없이 지가의 하락이 지속되었다는 점이다.

3. 잃어버린 10년의 늪, 시련의 시작

1991년을 기준으로 급격하게 하락한 부동산 가격으로 인해 융자금을 갚지 못한 기업 및 개인들의 파산이 뒤따랐다. 결국 부동산을 담보로 한 채권들은 막대한 부실채권의 양산으로 이어졌다. 이는 과도한 부동산 담보를 가지고 있던 은행들 중 융자금 회수가 불가능한 은행들도 파산의 길을 걸을 수밖에 없다는 사실을 의미하였다. 따라서 일본정부와 금융회사는 무엇보다도 부실채권의 처리를 신속히 하여야만 했다.

그러나 일본정부 및 금융회사들은 부실채권의 심각성을 인지하지 못하고 안이하게 대처하고 말았다. 그 결과 1995년에는 지방은행 가운데 최대 규모인 효고兵庫은행과 기즈木津신용조합이, 1997년에는 홋카이도 다쿠쇼쿠北海島拓植은행과 같은 대형 은행이 파산했다. 1998년에는 장기신용은행과 일본채권은행이 파산하여 국유화 되었다. 대장성의 공표에 따르면, 부실채권의 총액은 146개 은행의 76조 7,000억엔으로 이는 당시 일본GDP의 15%를 점하는 수준이었다. 더 중요한 점은 이 부실채권의 처리를 위해 엄청난 공적자금이 투입되었음에도 불구하고 해가 거듭할수록 채권의 누적 액은 점점 늘어났다는 것이다. 즉 거품경제의 붕괴에 따른 기업 및 개인의 파산 그리고 부실채권의 누적에 의한 금융기관의 파산은 자산디플레이션과 신용경색을 심화시켜 일본경제에 심각한 디플레이션을 야기하는 계기가 되었다. 게다가 당시 정부의 판단착오, 중국의 저가제품 유입, 동아시아 경제위기의 영향이 더해져 일본의 경제는 점점 더 미궁에 빠지게 되었다(〈그림 4-1〉 참조).

〈그림 4-1〉 일본 장기불황의 원인

거품경제의 붕괴
↓
동아시아 위기 → 부실채권문제 ← 정책실패
+
디플레이션 심화
↓
"장기불황"

일본의 위기극복은 다량의 부실채권을 어떻게 처리하고 금융의 안정과 경생력을 회복할 것인가에 달려 있었다. 그러나 대장성과 일본은행은 부실채권의 처리에 있어 부실금융기관의 정리나 부실채권의 상각償却등에 의한 부실채권의 근본적인 해결보다 재정지출과 금리인하라는 미봉적 대응을 함으로써 잠재된 금융위기를 해결한 것이 아니라 지연시켰고 심화시켰다. 또한 1996년 일본경제가 3%대에 가까운 실질성장을 가져오자 1997년 일본의 경제기획청은 『경제백서』를 통해 거품경제 붕괴 후유증이 거의 모두 청산되었다고 밝혔다. 따라서 당시 하시모토 정권은 재정재건을 위해[6] 1997년 4월 소비세율을 3%에서 5%로 상향조정하였다. 이 소비세율의 증가가 개인소비 및 가계부문의 소비를 위축 시켰고, 일본 내수시장의 부진으로 이어지고 말았다.[7]

일본에서 중국 저가제품의 공세 역시 일본기업에 영향을 미쳤고, 일본의 생산자들을 위기로 몰아넣었다. 풍부하고 값싼 노동력으로 생산된 중국제품은 의류, 식품, 잡화는 물론 가전제품에 이르기까지 무서운 속도와 물량으로 일본시장을 공략했다. 그리고 1997년 동아시아 경제위기도 일본기업에 영향을 미쳤다. 동아시아 경제위기이후 역내 국가들은 경기침체를 겪게 되었고, 이는 곧 일본으로부터의 수입 감소로 이어질 수밖에 없었다.

거품경제 후유증에 따른 일본의 장기불황은 실로 엄청났으며 지속적으로 일본국민을 괴롭혔다. 1990년 126만명이었던

---

6. 거품경제 붕괴에 의한 후유증으로 경기회복이 순조롭지 않게 되자 세수가 급감하였고, 거품경제 극복을 위한 경기자극 목적으로 엄청난 공공투자를 한 결과 재정악화가 초래되었다.

7. 일본에서는 모든 물품을 구매할 때 5%의 소비세를 따로 낸다. 우리나라의 경우는 제품에 붙어 있는 판매가격만 내면 되지만, 일본에서는 예를 들어, 1,000엔짜리 물건을 구입한다면 1,050엔이 청구된다. 이때 50엔이 바로 5%의 소비세인데, 여기에 익숙하지 않는 한국 관광객들이 가끔 판매원에게 돈 계산이 잘못되지 않았나 하는 의구심을 가지기도 한다. 그렇다면 소비세율의 증가가 왜 소비의 위축을 가져올까? 예를 들어, 약 300엔 정도하는 칫솔 같은 생필품들은 소비세율이 증가해도 그렇게 소비위축을 가져오지 않는다. 소비세율이 3%일 경우 300엔의 소비세는 9엔이며, 5%일 경우 15엔이다. 4엔 정도의 인상차를 느낀다. 그러나 약 20만 엔 정도하는 TV 경우 소비세율이 3%일 경우 소비세는 6,000엔이며, 5%일 경우 10,000엔이다. 4,000엔 정도의 인상차를 느끼게 된다. 자동차 같은 고가품을 구매할 시 소비자는 실로 엄청난 인상차를 느끼는 것이다.

실업자 수는 2001년 350만명으로 급증하였으며, 노숙자의 수는 최고 2만 5천명에 달했다. 특히 젊은 층의 실업이 심각하였다. 정년까지 취업할 의사가 없는 "후리타"가 증가하는 등 젊은 층의 직업의식이 급속하게 이완되었다.

장기불황의 그림자가 드리워지기 시작하면서 1990년대 초까지 남았던 일본사회의 '흥청망청 분위기'는 사라졌다. 골프가 대표적인 사례이다. 명품 드라이버로 한국에도 매우 잘 알려진 혼마의 부도사태는 일본 골프업계가 처한 현실을 잘 보여주었다. 일본의 골프장 입장객 수는 1992년 1억 232만명에서 2003년 말엔 8,852만명까지 감소했다. 일본 골프장은 2000년 이후 줄줄이 도산하면서 론스타를 비롯한 외국 자본의 손으로 대거 넘어갔다[8].

〈그림 4-2〉 우에노 공원(좌측)과 신주쿠 시내(우측)의 노숙자들

8. 김지룡, "머리부터 발끝까지 불황이 삶의 모든 것을 바꿨다," 『주간조선』(2005년 7월24일).

1990년대 중반 이후로 신주쿠 같은 번화가에 '다베호다이食べ放題'나 '노미호다이飲み放題'[9]가 널리 확산되었으며, 햐쿠엔 샵100円 shop[10] 붐이 일어나기도 하였다. 패스트 푸드점에는 2001년부터 고객 유인책으로 헤이지쓰 한가쿠平日半額가 실시되었다. 평일에 보통 햄버거 가격이 65엔으로 국제적으로 가장 저렴한 가격이었다. 우리나라 소고기 덮밥에 해당하는 규동牛丼의 한 그릇 가격도 당초 절반이하인 250엔 정도로 떨어졌다. 이처럼 일본의 장기불황은 일본의 생활 깊숙한 곳에서도 나타나고 있었다.

1990년대 거품경제가 붕괴되면서 갑자기 부실해진 일본기업과 금융기관, 가계는 이후 10년이 넘도록 자산 디플레이션과 소비, 투자의 정체가 이어지는 악순환에서 벗어나지 못하였다. 기업은 도산하고 실업자는 속출하였으며 경제성장은 전후 유례없이 마이너스 성장을 기록하였다. 더 이상 일본은 "Japan as Number One"이 아니었다. 1990년대 일본은 "잃어버린 10년"의 기간이었으며, "시련"의 시기였다.

---

9. 다베호다이는 1,500-2,000엔 정도를 지불하고 일정시간(보통 90분)동안 무제한으로 먹을 수 있는 곳이다. 양식부페 및 회전초밥, 샤브샤브 식당 등에까지 널리 전파되어 있다. 노미호다이도 1,000-1,500엔 정도를 지불하고 일정시간(보통 90분)동안 무제한으로 음료 및 술을 종류별로 마실 수 있는 곳이다.

10. 알뜰한 쇼핑족의 필수 코스 100엔 샵은 일본에서 폭발적인 인기를 끌면서, 이를 모방해서 한국에서도 천냥 하우스가 한 때 유행한 적이 있었다. 한국의 천냥 하우스는 반짝 인기를 끌다가 어느새 사라져 버렸지만, 아직도 일본에서 100엔 샵의 인기는 여전하다. 오랜 불경기로 인해 삭막해진 경제 상황 속에서 위축된 소비심리를 이용한 저가 공략이 제대로 먹혀든 것이다. 100엔 샵은 원래 가격이 400-500엔 대인 물건을 중간마진을 남기지 않고 소비자에게 직접 판매하는 방식을 사용하기 때문에 시중의 제품과 품질이 다를 바 없는 물건을 저렴한 가격에 판매하고 있다. 식료품과 화장품 등 몇 가지 품목을 제외하면 대부분이 중국제품이고, 인도네시아, 베트남 등 저렴한 가격을 맞출 수 있는 국가의 물건들이 많다.

제5장

변화하고 있는 일본형 경제시스템

■ 제5장

변화하고 있는 일본형 경제시스템

1990년대 후반부터 2000년대 초반까지 서구의 유명한 경제연구소들은 매년 3월 일본 위기설을 전망하여 일본인들의 가슴을 아프게 하였다.[1] 그러나 "잃어버린 10년"이라며 주눅 들었던 일본이 2000년대 중반부터 상실의 긴 호흡을 내뱉으면서 조금씩 어깨를 펴기 시작하였다. 일본의 경제전문가들은 조금은 조심스럽지만 밝은 어투로 일본경제의 소생을 전망 하였다. 태평양 너머로 사라져간 태양이 다시 일본 열도에 서광을 서서히 비추기 시작했다는 것이다.[2]

일본정부는 공식적으로 불황탈출을 선언하지 않았지만, 일본경제의 회복세는 각종 지표에서 확인되고 있다. 2005년 8월 『경제백서』에서는 "일본경제 앞에 더 이상 '버블 후後'란

1. 일본의 회계연도는 한국과 다르다. 한국의 회계연도는 1월1일부터 12월31일까지이지만, 일본의 회계연도는 4월1일부터 3월31일까지이다. 따라서 일본 한해의 경제전망은 회계연도가 시작되기 전 3월에 많이 쏟아진다.

2. 1989년 일본 경제 최 호황기 때 '태양은 다시 진다The Sun Also Sets'라는 책을 통해 거품경제의 붕괴를 예측해 화제가 되었던 빌 에모트Bill Emmott는 2005년 '태양은 다시 떠오른다The Sun Also Rises'라는 책을 통해 일본경제의 부활을 예고하였다.

수식어를 쓰지 않아도 될 정도가 되었다"고 언급하였다. 그러나 대부분의 일반시민들은 아직 경제회복을 피부로 느끼지 못하며, 호경기의 조짐은 자신들과는 무관하다고 대답하고 있었다. 이러한 대조적인 반응은 일본경제의 이중주二重奏적 모습을 여실히 보여주는 것이다.

1. 일본경제 회생의 불확실성

2000년대 중반이후 일본경제가 서서히 소생하고 있다. 장기불황의 긴 터널에서 벗어나 경기의 호조세가 이어지고 있다. 2006년 7월 일본은행은 장기불황의 상징이었던 '제로금리' 정책을 끝내고 정책금리를 0%에서 2.5%로 인상하였다. 정책금리를 올렸다는 것은 장기불황이 끝났다는 의미와 함께 일본정부가 경기회복세에 자신감을 지녔음을 뜻하는 것이라 볼 수 있다.

2006년 11월22일 일본의 경제산업성은 일본경제가 전후 최장의 경기확장을 기록하였다고 발표하였다. 지난 2002년 2월부터 시작된 일본 경제의 확장국면이 58개월간 연속으로 이어졌고, 이는 과거 일본경제에서 최장의 호경기였던 '이자나기 경기イザナギ景氣'[3]의 기록을 갈아치운 것이다.

---

3. 이자나기 경기란 아마테라스 오오카미(일본천황의 조상신이자 일본민족의 시조신)의 아버지라 일컬어지는 신 이자나기가 내린 경기라는 의미이다. 이자나기 경기 표현은 세계 2차 대전 패배에도 불구하고 일본이 미국에 이어 세계 2위의 경제 대국이 되었다는 놀라움을 강조하기 위해 건국신화에 등장하는 신의 이름을 사용한 것이다. 이자나기 경기는 1965년 11월부터 시작하여 1970년 7월까지 57개월간 지속된 호경기이었다. 이 시기 일본의 경제성장률은 연 평균 약 11.5%정도로 두 자리 수에 달했

일본경제의 회복은 주요 경제 거시지표의 추이를 통해 알 수 있다(〈표 5-1〉 참조). 거품이 붕괴된 이후 일본경제는 확연히 하락 추세에 있었지만, 2003년부터는 경제성장률이 미약하나마 증가세로 돌아섰고 일본의 수출도 꾸준히 증가하고 있다. 수출의 증가에 따라 자연히 얼어붙었던 기업의 설비투자도 증가하였으며 이는 고용확대로 이어졌다.

〈표 5-1〉 2001-2006 일본 경제 거시지표 추이

(단위: %, 백만달러)

연도	경제 성장률	실업율	수출	수입	무역 수지	경상 수지	외환 보유고
2001	0.2	5.0	403,496	379511	23,985	87,798	396,237
2002	0.3	5.4	416,726	337,194	79,532	112,447	462,357
2003	1.4	5.3	471,817	382,930	88,887	136,216	664,569
2004	2.7	4.7	565,675	454,542	111,133	172,058	835,228
2005	1.9	4.4	594,905	514,922	79,983	165,783	835,506
2006	2.4	4.1	649,931	579,574	70,357	170,517	880,977

자료 : 日本經濟企劃廳, 『經濟白書』 各年度 참조; 日本總務省統計局, 『日本の統計』 (2008).

이러한 경기회복 속에 실업률이 감소하면서 개인소비도 미미하지만 어느 정도 살아나고 있다. 이자나기 경기에는 개인소비가 연 평균 9.6% 증가한 반면 거품경제 붕괴이후 경기 회복기에 개인 소비는 연 평균 1.5% 정도의 증가에 그쳤다.[4] 더욱이 이러한 개인소비의 증가가 소득의 양극화로 인하여 고소득층의 소비에 주로 의존한 것이란 주장도 제기되었다. 일

고, 근로자 급여는 약 79% 정도 상승하였다. 그리고 실업율도 1.0%-1.6%로 서구 선진국과 비교하여 매우 낮았다.

4. 『한국경제신문』 2006년 11월23일.

본의 경제회복은 주로 기업차원에만 머물고 있으며 일반 시민들의 생활에는 영향을 끼치지 못했다는 것이다. 이는 장기불황 동안 늘어난 소득의 양극화 현상이 경기회복기에도 좀처럼 극복되지 않고 그 격차가 오히려 점점 벌어져 가고 있기 때문이다. 경제학 관점에서 내수와 개인소비가 살아나지 못하는 상황에서 수출과 설비투자만으로 경제가 성장하는 데는 한계가 있을 수밖에 없다. 이는 외부시장의 환경이 급속히 악화될 경우 곧바로 경기불황으로 이어질 가능성이 높기 때문이다.

2. 회생의 원동력은 무엇이었나

일본경제의 부활 원동력은 크게 국내의 경제구조개혁과 국제적 외부효과로 나누어 볼 수 있다. 우선 국내의 경제구조개혁 과정을 살펴보자.

첫째, 뒤늦은 부실채권의 처리와 금융권의 구조조정 노력이다. 거품경제의 붕괴는 대량의 부실채권 문제를 낳았지만, 일본정부는 근본적인 부실채권의 처리보다 경기부양을 통해 위기를 타개하고자 하였다. 경기부양을 위해 투입된 공적자금들은 도로와 항만, 공항건설 같은 공공사업 투자에 집중 되었다. 이러한 무리한 경기부양책은 금융불안을 위기로 더욱 진전시키고 재정적자만 확대하는 결과를 낳았다.

금융위기를 타개하기 위한 근본적인 해결책은 부실채권의 처리를 통한 금융 건전성의 회복이었다. 금융위기의 심화는 일본정부의 정책전환을 가져왔다. 일본정부는 금융재생법시행, 산업재생기구 설립 등을 통해 금융기관 구조조정을 단행하였다. 그 결과 〈표 5-2〉에서 보여지듯이 2002년 3월 52조 4천억엔에 달하던 금융기관의 부실채권은 2005년 3월 24조 9천억엔으로 급감 되었다.

〈표 5-2〉 일본의 금융재생법에 의한 부실채권 추이

(단위: 억엔)

구분	1999. 3	2000. 3	2001. 3	2002. 3	2003. 3	2004. 3	2005. 3
파생갱신 채권	142,050	112,470	110,610	103,960	87,020	70,090	54,660
위험채권	203,910	197,040	186,270	229,120	166,200	145,480	119,400
관리채권	79,550	99,840	132,970	191,340	191,840	130,440	74,990
계	425,510	409,350	429,850	524,420	445,070	346,020	249,040

자료 : 日本金融廳 홈페이지 참조.

둘째, 일본기업의 구조조정 노력이다. 2001년 고용보험 조건이 완화되고, 2003년 파트타임 노동지침이 개정됨으로써 기업은 정규직 노동자에 비해 훨씬 낮은 비용으로 파트타임 노동자와 임시 계약직 노동자를 고용하였다. 1995년에는 비정규직 노동자가 전체 노동력의 21%를 차지하였지만 2006년에는 이 수치가 33%에 달했다. 이 같은 노동 유연성은 기업이윤의 급등과 채무상환에 큰 도움을 주었다. 1998년 노동자 임금이 기업소득의 약 73%정도 이었다면 2004년에는 이 비율이 64%로 떨어졌다. 반면 노동자들의 노동조건은 오히려 악화되었다.[5]

또한 기업들은 강점사업이거나 경쟁우위를 확보할 수 있는

5. 大内博一, "格差社會の擴大·固定化をもたらす教育基本法改正," 『世界』(2006年 11月), p.52.

사업에 지원을 집중하는 한편, 채산성이 악화되고 개선여지가 없는 사업은 매각하거나 정리를 하는 '선택과 집중의 방식'이 이루어 졌다. 한편 개별기업 차원의 사업 재구축만으로 한계를 느낀 경우에는 타 기업과 적극적인 인수합병을 추진하였다. 이를 통해 과거의 과다 경쟁과 공급과잉의 문제를 해결하려고 노력하였다.

셋째, 일본정부의 경제구조개혁과 규제완화 노력이다. 장기불황 중에 일본정부는 각종 개혁프로그램을 내놓았다. 그러나 산업계와 유착된 집권 자민당의 족族 의원 그룹의 이익유도정치 때문에 제대로 실천되지 못하였다. 일본정부의 개혁은 고이즈미 정권이 출범하면서 본격화 되었다. 고이즈미 정권은 "성역 없는 개혁"을 내세우며 "개혁 없이는 성장도 없다", "민간이 할 수 있는 일은 민간으로", "지방이 할 수 있는 것은 지방으로"라는 기본이념 하에 다양한 개혁을 추진하였다. 특히 공공부문에서 철저한 개혁을 단행하였는데, 이것이 경기회복에 순풍으로 작용하였다. 고이즈미 총리가 추진해온 공공부문 개혁은 크게 우정민영화, 공무원 인원 감축, 국책 금융기관 통폐합 및 민영화 추진 등으로 요약된다.[6] 일본의 국내 총생산이 약 500조 엔 정도인데, 그 중 중앙 정부, 지방 정부, 준準정부까지 예산을 합치면 약 300조 엔에 달한다. 정부부문이 GDP의 절반 이상을 차지하고 있는 것이다.

고이즈미는 이런 문제점을 포착해 정부개혁을 들고 나온 것이었다. 고이즈미 정권은 공공부문 개혁 이외 기업의 경영

6. 일본정부는 2007년 10월 우정민영화를 시작으로 2017년 4월까지 완전 민영화하기로 결정하였다. 국가공무원의 정원은 2005년부터 5년간 5% 이상을 감원하기로 하였다. 그리고 8개 국책금융기관은 통폐합 혹은 민영화해서 1개로 재편하기로 하였다.

환경을 둘러싼 1,500여건의 각종 규제를 완화하고 제도를 바꾸려고 노력하였으며, 기업이 구조조정을 원만하게 할 수 있는 여건을 만들기도 하였다. 또한 해외로 이전한 일본기업의 U턴을 촉진하고자 공장을 신설할 경우에 기업에 부담이 되는 법안을 대폭 완화시켜 해외이전 기업을 다시 국내로 불러 들었다.[7]

다음으로 국제적 외부효과이다. 이는 중국특수 효과와 연관되어 있다. 1978년 개혁・개방을 시작한 이래 중국경제는 세계가 놀랄 정도로 급성장 하였다. 2000년대 초까지만 하더라도 마이너스를 나타냈던 일본의 대중수출의 증가율이, 중국경제의 급성장과 그에 따른 대중국수출의 급신장에 힘입어 플러스로 전환하였고, 일본 경제성장의 엔진으로 자리매김하고 있다.

〈표 5-3〉 일본의 대중 수출 증가율

구 분	1999	2000	2001	2002	2003	2004	2005	2006
대중수출	1.4	23.2	14.9	32	33.3	20.5	10.6	22.1

자료 : KOTIS, 『수출DB』 각 년도.

특히 일본은 부품소재산업의 강력한 기반을 갖고 있다. 주요 산업의 핵심 소재나 부품은 일본이 독점하고 있다. 예컨대, 중국이 해외시장에 전자나 기계제품의 수출이 증가하거나, 한국과 대만의 LCD, PDP 같은 제품들이 중국으로의 수출이

7. 일본정부는 2000년대 들어 환경 및 수도권 규제 완화에 박차를 가하였다. 일본은 수도권 집중억제제도인 '공업 등 제한법'과 '공장 재배치 촉진법'을 각각 2002년과 2006년에 폐지했다. 기업 투자 관련 규제의 핵심인 수도권 억제책을 철폐해 버린 것이다. 경기 회복과 맞물린 이런 규제 완화는 공장 설립을 촉진했다.

증가할 때에도 일본의 부품 수출은 덩달아 늘어나는 구조이다. 중국의 부상으로 시장잠식과 산업공동화를 우려하였던 일본이 오히려 중국경제의 성장을 일본경제의 부활의 계기로 삼을 수 있었던 것도 바로 이러한 부품·소재산업의 강력한 기반 때문이었다. 이같은 중국경제의 호조는 일본의 수출 호조로 이어졌고, 얼어붙었던 설비투자로 연결되었다. 그 과정에서 일본 제조업의 경쟁력이 회복되었다.

3. 일본형 경제시스템은 변화하고 있는가

전후 일본경제의 전형적인 시스템은 정부의 적절한 규제와 보호아래 경제가 작동하는 메커니즘이었다. 한마디로 일본형 경제 시스템은 정부가 앞장서서 시장을 이끄는 '호송선단護送船團'[8]방식 혹은 '발전국가 모델'로 불리웠다. 호송선단방식은 일본의 노사문화에도 적용되어 '종신고용'과 '연공서열'이라는 독특한 일본식 노사관계를 낳기도 하였다. 이러한 시스템은 노동자에게 생애에 걸친 고용의 안정을 제공하는 한편 기업측의 인적투자에 대한 인센티브를 높여, 부가가치가 높은 노동력을 창출한다고 평가 받았다. 그러나 이러한 일본식 경제 시스템은 1990년대 장기불황속에 기업의 도산이 증가하면서

8. 정부의 규제와 보호아래에서 일본의 기업들이 경영하는 방식으로 적자생존이라는 시장경제의 원리와 거리는 멀다. 예를 들면, 금융업계에서는 재무성이 금융기업들을 이끌고, 금융기업들은 재무성의 규제와 보호를 받으며 따라가는 형국이다. 호송선단방식에서는 기업이 낙오되는 법이 거의 없다. 뒤에 처질 기미가 보이는 기업은 정부가 집중적으로 이끌어줌으로써 퇴출당하지 않도록 도와준다.

비효율의 원천으로 지적되고 있다. 장기불황 속에 실적이 악화된 기업들은 종신고용을 감당하기가 힘들었으며, 고비용의 정규직 사원만으로는 경쟁력을 유지할 수 없게 되었다.

고이즈미 정권은 거품경제의 붕괴후 장기불황을 탈피하고자 일본 고유의 경제모델에서 '신자유주의라는 영미식 모델'로 탈바꿈을 시도하였다. 일본 정부는 시장에 규제를 강화하기보다는 규제를 완화 시켰다. 또한 우정성 같은 공기업, 국영사업들을 민영화시켰다. 이러한 신자유주의적 구조개혁의 물결 속에 일본만의 노사문화라 할 수 있는 '종신고용'과 '연공서열'의 제도 역시 약화되고 있다.[9]

그렇다면 이러한 개혁의 결과는 어떠한가? 신자유주의 구조개혁은 일본의 경제회생에 있어 큰 역할을 하였지만 여러가지 부작용 또한 나타나고 있다. 첫째, 영미식 모델의 시장원리주의는 분식회계 및 주가조작 사건과 같은 비윤리적인 대형기업 범죄를 유발시키고 있다. 대표적으로 일본사회에 큰 충격을 준 라이브도어ライブドア사건[10] 등이 있다.

둘째, 이러한 신자유주의의 개혁과정에서 일본사회에 두껍게 형성되어 있던 중산층이 해체되고 계급격차가 뚜렷해지기 시작하였다. 일본의 전통적 고용제도가 사라짐으로써 노동자들의 급여수준이 감소하고 있다. 이는 결국 일본사회의 불안

---

9. 도요타, 캐논, 도시바 같은 기업들은 장기불황속에서도 종신고용제를 계속 유지했던 대표적인 기업들이다. 고용안정은 일본기업의 중요한 목표의 하나이기 때문에 기업들은 가능한 종신고용을 유지하겠다는 시각이 지배적이다. 그러나 최근 세계금융위기에 따른 불황속에 이들 기업들도 감원을 시작하였다.

10. 라이브도어사는 일본의 대표적인 IT기업으로 적대적 M&A를 반복하면서 성장하였다. 한때 후지TV까지 인수를 시도한 기업이었다. 라이브도어사는 M&A를 위해 주가조작과 분식회계 등 위법행위를 저지른 것으로 드러났다.

으로 확대되고 있다.

〈표 5-4〉에서 보여지듯이 고이즈미의 구조개혁 기간 동안에 국민소득은 11조엔, 노동자의 임금은 16조엔이 삭감되었다. 반면, 대기업을 중심으로 기업의 경상이익은 6조엔이 증가했다. 일부 경제학자들은 일본의 노동시장 전체를 볼 때, '전통적' 노동자의 권리는 가장 상층의 소수에게만 주어지고 대부분은 주변부 노동자로 살아가는 양극화된 노동구조가 될 것이라고 주장하고 있다.

〈표 5-4〉 고이즈미 개혁의 성과

(단위: 조엔)

	2000	2004
국민소득	372	361
노동자 임금	271	255
법인기업의 경상이익	36	45
(대기업)	25	33
(중소기업)	11	12
정규직 평균임금	4.61	4.39 (백만 엔)

자료 : 山家悠紀夫, "實感なき景氣回復を讀み解く," 『世界』(2006年 3月), p.125.

이처럼 신자유주의 구조개혁의 부작용으로 인해 일본사회에서는 일본의 경제모델 방향을 두고 많은 논쟁이 벌어지고 있다. 영미형 모델 수렴에 반대하는 세력들은 일정 부분에 있어 개혁의 필요성을 동의하고 있지만 개혁의 방향과 대상에는 그 차이점을 분명히 보이고 있다. 이들은 단순히 시장의 논리만으로 일본경제가 작동하는 것은 옳지 않다고 본다. 1990년대이후 세계화라는 새로운 구조변화로 인해 일본식 조정메커니즘이 더 이상 작동되기 어려워진 것은 사실이지만 영미식의 시장지향적 처방만으로 일본경제가 성장되지는 않는다는 것이다. 노사관계, 사회적 가치관 등 일본적 특수성이 일본경제에 여전히 긍정적인 기능을 하고 있다고 본다.

4. 일본경제의 과제와 미래

2000년대 후반부터 되살아나고 있는 일본의 경제가 다시 과거처럼 세계를 압도하는 강력한 경제력을 발휘할 수 있을까? 일본은 거품경제 붕괴이후 오랜 기간 동안 장기불황에 빠져 있었다. 그럼에도 불구하고 GDP 면에서 여전히 세계 제2위의 경제대국이라는 지위를 유지하였다. 그러나 현재 세계경제에서 차지하는 일본의 비중과 위상은 1980년대 고도성장 시기보다 훨씬 약화되고 있다. 〈표 5-5〉는 주요국의 GDP를 1990년도, 2000년도, 2006년도로 나누어 비교 작성한 것이다. 세계 제2위의 경제대국인 일본의 경제규모는 미국과 비교하여 볼 때 격차가 점점 벌어지고 있으며, 독일[11], 영국, 중국과는 격차가 점점 줄어들고 있다. GDP의 증감 변화율에서도 일본은 다른 주요국들에 비해 낮은 수치를 보여주고 있다. 이는 전세계에서 차지하는 일본의 경제 비중이 계속해서 축소되고 있다는 뜻이다.

게다가 일본은 회복중인 경제를 유지하기 위해서는 여전히 극복해야 할 많은 과제들을 안고 있다. 우선 신자유주의 개혁이 야기한 부작용과 후유증을 해결해야 한다. 자유경쟁에 따

---

11. 1990년도에 비해 2000년도에 일본과 독일간의 경제규모 격차가 더욱 벌어 진 것은 독일이 높은 통일비용을 치러야 하는 특수한 상황에 놓여 있었기 때문이었다.

〈표 5-5〉 주요국 GDP의 대 일본 비교

(단위: 억달러)

구분	1990	비율	2000	비율	2006	비율	변화율
일본	30,183	100.0	46,675	100.0	43,760	100.0	145.0
미국	58,031	192.3	98,170	210.3	131,947	301.5	227.3
독일	17,145	56.8	19,002	40.7	29,132	66.6	169.9
영국	9,959	33.0	14,509	31.1	23,955	54.7	240.5
중국	3,878	12.9	11,985	27.4	26,446	60.4	681.9

자료 : 한국은행 홈페이지 참조.

주) 변화율은 1990년도 대비 2006년도 증감 비율

른 승패는 시장경쟁의 본연의 특성이므로 결과적으로 승자와 패자가 발생하는 것은 당연하다. 따라서 중요한 점은 패자를 위한 사회적 안전망이 정비되어야 한다 사실이다. 이 점은 고이즈미 내각의 구조개혁부터 지적되었지만 결과적으로는 개인간 소득과 자산의 격차, 대기업·중소기업간, 업종간의 기업격차 그리고 도시와 지방간의 지역격차 등이 확대되고 있는 것으로 나타났다. 격차사회가 심화될수록 일본사회의 통합은 물론 경제회복을 위한 내수시장의 활성화는 그 만큼 지체 될 수밖에 없다.

또한 세계화의 도전은 일본이 주변국가들과 경제협력을 강화할 필요성을 제기하였다. 앞서 언급한 것처럼, 일본이 다시 부활한 하나의 원인은 대중 수출의 급신장에 있었다. 중국의 경제발전이 일본경제의 부활에도 중요한 조건이 되었다. 중국이외 한국도 마찬가지로 중요한 주변국이다. 일본에 있어 한국은 세 번째로 큰 무역상대국이다. 일본경제의 지속적 성장을 위해서는 한국과 중국의 경제협력 강화가 무엇보다도 중요하다. 나아가 일본은 동아시아 경제협력의 토대를 마련하고 주도권을 행사하는 것이 필요하다. 그것이 세계화에 대

응하여 일본의 이익뿐만 아니라 동아시아의 '공동이익'을 확대하는 길이기 때문이다.

현재 일본경제가 조금씩 부활하고 있는 것은 사실이다. 그러나 일본경제의 비중과 존재감이 예전보다 줄어든 것은 부인할 수는 없다. 현재 세계금융위기의 여파는 세계경제뿐만 아니라 일본경제에도 짙은 그림자를 드리우고 있다. 일본의 경제개혁이 신자유주의 구조개혁의 산물이었지만, 작금의 세계경제위기는 '신자유주의의 위기 혹은 파산'을 의미하는 것이라는 점에서 일본경제의 미래는 대단히 불투명해졌다고 보인다. 일본형 경제 시스템의 변화도 이러한 세계경제위기 속에서 새롭게 성찰해야 할 문제이다.

제6장

위기의 일본사회, 변화의 일본사회

■ 제6장

위기의 일본사회, 변화의 일본사회

성장둔화와 금융부문의 마비라는 경제적 문제외에도 1990년대 이후 일본의 정치인과 국민들은 중대한 사회적 문제와 변화에 직면하게 되었다. 그렇다면 1990년대 이후 일본사회가 안고 있는 문제들은 어떠한 것들이 있는가?

일본에서는 기성 종교에 만족하지 못하고 이를 대신할 새로운 종교관・세계관・가치관을 찾아 적지 않은 젊은이들이 '신흥종교'에 빠져들고 있다. 이단적인 종교의 부흥은 사회적으로 큰 위협이 될 정도이다. 세계 최고의 장수 국가로 자랑하던 일본은 고령사회의 진입으로 인하여 경제성장의 문제와 사회보장비용의 부담문제로 이어지고 있다. 또한 "세계에서 빈부격차가 가장 작은 나라"로 자부해온 일본에서 거품경제 붕괴로 인한 경기불황의 장기화를 시작으로 격차사회가 빠른 속도로 진행되고 있으며 일본사회의 통합을 저해하는 가장 큰 문제로 대두되고 있다.

1. 일본 열도에 드리운 불안증후군, 옴진리교 사건

일본인은 세계에서 그 유래를 찾아볼 수 없는, 독특한 종교관을 가진 민족이라고 할 수 있다. 종교관에 대한 여론조사 결과를 보면 일본국민 가운데 종교를 갖지 않은 사람의 비율이 70% 이상으로, 대다수가 종교가 없는 것으로 조사됐다. 그러나 인구의 70% 이상이 종교가 없다는 나라에 수십만 개의 종교 단체가 존재한다는 것은 정말 아이러니한 일이다.

일본은 종교의 백화점이다. 일본 문화청에서 발간한 2004년 『종교백서』에 의하면 2003년 12월31일을 기준으로 일본의 종교법인수는 18만 3,394개소에 달한다. 비등록 종교단체를 포함한다면 약 23만개소의 종교단체가 존재하는 것으로 추정되고 있다. 종교별 신자수를 각 계통별 분포비율로 환산해보면, 신도계 50.3%, 불교계 40.4%, 제교계 4.7%, 그리스도교계 1.0%의 순으로 나타나고 있다.

신도는 일본민족에 고유한 가미神신앙에 입각하여 발생, 전개 되어온 종교이며 또한 일본인의 생활속에 전승되어 온 관습적 태도 및 사고방식까지도 포괄하기 때문에 신자들이 많은 편이다. 불교 역시 538년 백제로부터 전래되어온 만큼 그 역사가 오래되었기 때문에 신자의 수가 많다. 그러나 특이한 점은 일본사회에서 제교계의 비율이 꽤 높다는 사실이다. 제교계는 신도계, 불교계, 그리스도교계로 분류하기 어려운 교단 혹은 신도, 불교, 기독교 등 여러 종교적 특성이 혼합되어 성립된 종교 또는 이들 종교와는 상관없이 독자적으로 성립된 종교 교단들을 말하며 일반적으로 신종교라 불리어진다. 현대 일본 종교의 가장 두드러진 특징 중에 하나가 바로 '신종교의 교세' 확장이다. 일본에서 창가학회, 입정교성회, 영우회, 생장의 집, 행복의 과학 등과 같은 신종교는 수백만 명의 신자를 확보하고 있는 대형 교단들이다. 다양성과 불확실성의 현대 사회에서 수많은 신종교의 출현은 세계적인 추세이긴 하나, 이 놀라운 수치는 분명 다른 나라들과는 다른 일본만의 특징인 것이다.

그렇다면 일본사회에서 신종교가 확장하게 된 원인은 무엇일까? 우선 일본인들의 종교관을 들 수 있다. 일본인들의 종교에 대한 관념은 매우 유연하여 여러 종교나 종파의 원리를 자연스럽게 조금씩 원용되고 있다. 예를 들면, 대다수 일본인들에게는 출생의식을 신사에서 하고, 결혼식은 교회나 성당에서 기독교식으로 거행하며, 죽으면 불교식으로 장례를 치르는 것이 매우 자연스럽다.

또한 이러한 신종교들은 일본의 신도나 불교 또는 기독교가 담당하지 못한 내면적 신앙의 욕구를 충족시켜 주고 있기도 하다. 신종교들은 신앞에서의 평등, 우주적 대생명과의 일치, 마음의 변혁 등을 주장하고 있다. 그럼으로써 물질적으로는 풍요를 달성했으나 정신적인 빈곤을 느끼는 현대 일본인들에게 설득력있게 다가서고 있는 것이다.

옴진리교도 이러한 상황 속에서 등장하였다. 종말론적 신앙론을 내세운 옴진리교는 신도들로부터 교주로 추앙받는 아사하라 쇼코麻原彰晃가 1984년 요가를 수행하는 도장(옴 신선회)을 도쿄의 번화가인 시부야에 개설하면서 출발했다. 1987년 단체를 옴진리교로 개칭한 아사하라는 1989년 도쿄지사로부터 종교법인의 인가를 받았다. 그는 자신의 불우한 배경에 대한 분노와 '동양적 종교사상'과 광적인 반反 서양주의를 나름대로 혼합해 강력한 교리를 만들었다.

옴진리교는 "힌두교의 시바 신을 받들고 절대자유 및 절대행복 상태에 혼을 진화시킬 수 있는 아사하라 교주가 갖가지 비법을 통해 당신을 해탈상태로 이끌어 갑니다"라고 설파하여 신비주의와 초능력에 관심을 가진 젊은이들을 많이 끌어들였다. 명상자세로 공중에 뜨고 있는 아사하라의 사진을 실은 잡지를 보고 옴진리교에 빠져든 10대와 20대 남녀가 속출했다. 특히 신도 가운데 70%이상이 젊은이들로 구성되어 있었고, 도쿄대, 와세다대, 교토대 등의 명문대 학생들과 의사나 우주센터에 근무하는 일본 최고의 엘리트들이 교단을 이끄는 핵심 요직을 맡고 있었다.

아사하라 교주는, 1995년 11월에 최후의 전쟁으로 인류가 종말을 맞게 되며, 이때의 무기는 핵, 생물, 화학무기가 될 것이고, 옴진리교 신자만이 아마겟돈(최종전쟁)을 극복하고 천년

〈그림 6-1〉 아사하라의 모습과 공중부양을 선보이고 있는 아사하라

왕국을 영위할 수 있다고 설교해 왔다. 교단 측은 교주의 설교에 맞추어 1993년부터 화학플랜트를 건설하였고, 1994년에 사린sarin 제조에 성공했다. 이때부터 교주는 예언을 실현하기위해 공격의 위협을 말하기 시작하였다. 이러한 가운데 발생한 도쿄 지하철 사린 살포는 열성 신도들이 교주의 예언을 실현하기 위해 꾸민 테러 사건이었다.

1995년 3월20일 오전 8시경, 관청 밀집지역인 가스미가세키역의 5개 전동차 안에서 독가스가 동시다발적으로 살포되어 5,500여명의 일본시민이 눈과 코에서 피를 흘리는 등 심각한 중독현상으로 쓰러졌으며, 이중 12명이 목숨을 잃었다. 옴진리교 사건은 교육의 황폐, 기존 종교의 무력함, 소외의 만연, 가치붕괴 같은 일본사회가 낳은 병리현상의 결과였다.

이 사건에 관련된 교단간부들과 교주에게 사형이라는 극형의 법적 책임을 물었음에도 불구하고 이 옴진리교는 남은 교인들에 의해 2000년 2월11일 아레프アレフ라는 종교단체로 다시 재편성 되었다.

옴진리교 사건의 상흔은 일본인들에게 단순히 쓰라린 악몽으로만 치부할 수 없는, 여전히 지워지지 않는 앙금처럼 남아있다. 심지어 어떤 지식인은 옴 사건을 망각하는 것은 다름아닌 '지적인 자살행위'라고 천명할 정도이다. 그 만큼 옴진리교 사건은 우리가 외부에서 상상하는 것 이상으로 일본사회에 어나어마한 충격을 던져 주었다.

2. 늙어가고 있는 일본사회

최근 일본은 주요선진국들 가운데에서도 유례없이 급속한 고령화를 경험하고 있으며, 고령자 인구비율이 세계최고에 달하고 있다(〈표 6-1〉 참조). 또한 2006년에는 세계에서 가장 먼저 '초고령 사회super-aged society'에 진입하였다. 초고령 사회는 유엔이 분류한 것으로 전체 인구중 65세 이상 고령자의 비율이 20% 이상인 사회를 말한다. 2008년 일본 내각부 『고령사회백서』에 의하면, 일본내 65세 이상의 고령자는 2,700만명 정도로 총 인구에 약 21.5%를 차지하고 있는 것으로 나타났다. 이처럼 일본사회에 있어 고령자 비율이 계속해서 증가한다면 〈표 6-2〉에서 보듯이 2040년경 일본의 인구는 3명당 1명 이상이 65세 이상 노인인 기형적인 사회로 변모하게 될지도 모른다.

일본이 이런 고령사회로 접어들게 된 원인을 보면 다음과 같다. 첫째, 일본인들의 평균수명이 증가하였다. 2001년 기준으로 일본인의 평균수명을 보면 남자 78.7세, 여자 84.93세로 세계 최고의 수준이었다. 2050년에는 평균수명이 남자 83.9세, 여자 89.5세로 증가하게 되어 '평균수명 90세의 초장수사회'로 진입할 것으로 예측되고 있다[1].

둘째, 일본사회의 소자화小子化 현상때문이다. 소자화 현상이란 아이의 출생률이 지속적으로 감소하는 것을 말한다. 아이가 적은 데다 평균수명이 높다 보니 일본 전체가 늙어가

1. 日本厚生勞動省, 『生命表』(2005).

〈표 6-1〉 일본의 인구구성 현황(2008년)

(단위: 천명)

구 분	총수(비율)	남성	여성
총인구	12,771(100.0)	62,310	65,461
연소인구(0-14세)	17,293(13.5)	8,861	8,431
생산연령인구(15-64세)	83,015(65.0)	41,745	41,270
고령인구	27,464(21.5)	11,703	15,760
전기고령인구(65-74세)	14,761(11.6)	6,937	7,822
후기고령인구(75세 이상)	12,703(9.9)	4,766	7,938

자료 : 日本內閣府, 『日本高齡社會白書』(2008).

〈표 6-2〉 주요선진국 65세 이상 고령자인구 비율

	일본	독일	영국	프랑스	미국
1970	7.1	13.7	12.9	12.9	9.8
1980	7.9	14.8	15.1	14.0	11.2
1990	12.0	15.0	15.7	14.0	12.4
2000	17.3	16.4	15.8	16.0	12.3
2010	22.5	20.2	17.0	16.6	12.9
2020	27.8	22.5	20.2	20.5	16.3
2030	29.6	27.7	24.3	23.8	20.2
2040	33.2	30.9	27.2	26.2	21.0

자료 : 日本國土交通省, 『國土交通白書』(2003).

는 고령화 현상이 일어나고 있는 것이다. 전후 일본사회는 제1차 베이비붐에 의해 출생률이 급상승하면서 1950년에는 8,400만명에 이르렀고, 1967년에는 1억명을 돌파했다. 1971년-1974년에는 제2차 베이비붐을 맞아 연 1.4% 정도의 높은 증가율을 기록했다. 그러나 1975년부터 출생률이 처음으로 2.0%이하로 떨어지기 시작하여 최근 수년 동안 1.3%대에 머무르고 있다.[2] 결국 2005년도에는 일본의 인구가 감소하였다. 이는 1899년 일본사회에서 인구통계가 시작된 이후 처음 있는 현상이었다. 더욱이 2008년에는 인구의 자연감소가 5만 1천명으로 역대 최대를 기록하였다. 〈그림 6-2〉에서 보여지듯이 2050년에는 일본인구가 대략 1억명 수준으로 감소할 것으로 예측되었다.

〈그림 6-2〉 현재추세에 따른 일본 인구 예측치

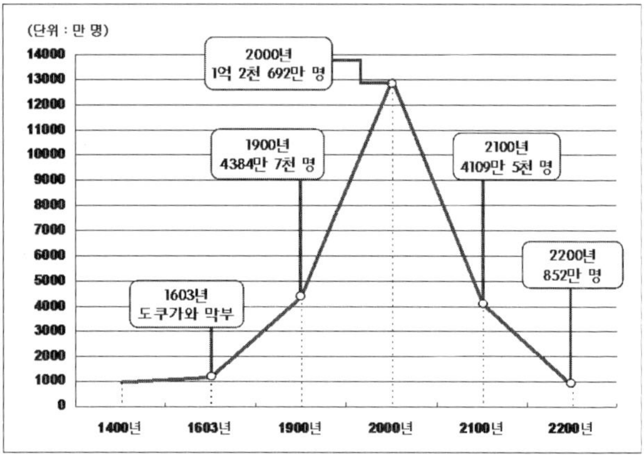

자료 : 日本國立社會保障人口問題硏究所, 『日本の將來推計人口』(2000).

이러한 고령화의 진전은 일본사회에 적지 않은 고민을 안겨주고 있다. 첫째, 인구의 고령화 현상은 생산노동력의 고령화로 이어지면서 산업 활동에 영향을 미칠 수 있다. 우선 고령자의 비율이 높아지면 생산성은 저하하게 된다. 이는 기업의 채산성을 악화시킬 수밖에 없고, 기업은 노동시장이 풍부

2. 日本厚生勞動省, 『人口動態推計』(2005).

한 곳으로 이전을 추진할 수밖에 없다.

둘째, 고령화의 진전은 저축률 저하로 이어질 수 있다. 고령으로 인하여 노동시장에서 은퇴한 사람들의 저축률은 현저히 떨어질 수밖에 없을 것이다. 가계의 저축률이 고령화의 진전과 함께 떨어지기 시작하면 일본 국내의 총저축률 또한 떨어질 수밖에 없고, 이는 일본의 투자자원을 감축시키는 결과를 초래할 수 있다.

셋째, 고령화 사회로 접어들면 국가의 사회복지비는 증가할 수밖에 없다. 2005년도 사회보장급여중 고령자와 관련한 급여는 전체 약 70% 정도를 차지하고 있다. 정부의 재정상태 악화는 일자리 창출은 물론, 사회보장제도의 확충을 어렵게 만든다. 이는 잠재적으로 국민부담으로 연결되어 일본사회의 활력을 떨어뜨리는 요인이 될지도 모른다.[3]

일본정부는 이러한 고령사회의 문제점을 극복하기 위하여 여러 방면에서 대응책을 강구하고 있다. 첫째, 일본정부는 고령자 고용을 촉진하기 위해 '고연령자 고용안정법'을 개정하여 사업주에게 정년연령의 연장, 계속 고용제도의 도입, 정년폐지 중 어느 하나를 선택하도록 의무화하였다. 이러한 기업에 대해서는 정부가 장려금 등을 지급하고 인사노무 등에 관한 전문적·기술적 지원을 약속하였다.

둘째, 사회보장제도를 개혁하여 재정악화 방지에도 노력하고 있다. 일본정부는 연금, 개호보험, 의료보험 등 사회보장 재정의 건전화를 위해 보험료는 인상하고 지급액은 하향조정

3. 사회보장부담액 등의 확대로 잠재적 국민 부담율은 2007년 43.2%에서 2025년에는 55.5%로 12.3%상승 할 것으로 예측된다.

하되 고령세대의 소득보장과 현역세대의 부담완화에도 노력하고 있다.[4]

셋째, 일본정부는 소자화 대책을 마련하기 위하여 2003년 9월 내각부에 "저출산담당 장관"을 신설하였고, 일본 국회는 2004년 '소자화 사회 대책 기본법'을 통과시켰다. 이 법안은 인구 감소를 '유사 이래의 재난사태'로 규정하고 '가정과 육아의 꿈을 가질 것'을 국민의 의무로 명기했다. 개인가치관에 대한 인권 침해라는 일부의 반발에도 불구하고 아이 낳는 일을 국민이 가져야 할 하나의 의무로 규정한 것이다.

3. 중산층이 무너지고 있는 일본사회

고도경제성장이후 일본사회는 중산층의 비중이 80-90%에 달해 이른바 '1억 총중류사회'라고 불리웠다. 이 중산층중에서도 60% 이상은 스스로의 생활정도를 중중中中이상으로 생각하고 있었다. 이것은 일본인들이 계급간의 격차를 거의 느끼지 않거나, 계급의식에 대한 가치관이 그만큼 엷어졌다는 것을 의미한다. 거품경제 붕괴이전의 일본사회는 한마디로 '결과의 평등사회'였다.

그러나 거품붕괴이후 일본경제의 장기불황과 이 장기불황을 탈피하고자 시작된 신자유주의적 개혁으로 인하여 '1억 총

4. 일본의 사회보장제도 개혁을 구체적으로 살펴보면, 연금(후생연금)의 지급연령을 60세에서 65세로 상향조정하는 한편 보험료율도 2004년 현재 13.6%에서 매년 0.354%씩 인상하여 2017년까지 18.3%로 상향조정하기로 하였다. 다만 2017년 이후 보험료를 18.3%로 고정함으로써 현역세대의 부담을 완화키로 하였다.

중류사회'는 서서히 해체되어가고 있다.[5] 이러한 중산층의 붕괴 과정에서 나타나는 일본형 소득 양극화 현상을 일본에서는 "격차사회格差社會"라고 부르고 있다.

소득 양극화란 일반적으로 '중간 소득계층이 줄어들면서 소득분포가 양극단으로 쏠리는 현상'을 의미 한다. 〈표 6-3〉에서 알 수 있듯이 일본의 소득지니계수는 계속해서 증가하는 추세를 보이고 있다.[6] 또한 중산층을 구성하는 임금노동자의 생활수준이 점차 저하되고 있는 실정이다. 단적인 예로, 1990년대후반 이후부터 일본의 중산층 사회를 상징하던 임금노동자 가구의 높은 '평균 저축률'이 점차 저하되기 시작하였다. 일본 총무성에서 발간한 『가계조사』에 의하면 1999년에서 2003년 사이 불과 4년 만에 저축액이 1,400만엔 이상의 가구 비중은 거의 변화지 않은 반면, 저축액이 400만엔에서 1,200만엔 사이의 가구 비중은 전체적으로 줄었고, 역으로 저축액이 200만엔 이하의 가구 비중은 5%나 증가하였다. 이는 임금노동자 소득의 급격한 감소가 가장 큰 원인이었다.

이처럼 최근 일본사회는 전후 일본을 지탱해오던 거대 중산층이 와해되는 추세를 보이고 있다. 2000년대이후 일본사회에서는 '록폰기六本木 힐즈족'과 '후리타족의 사회'[7]라는 유행어가 일반 대중들 사이에서 유행하고 있다. 일본사회는 록폰기 힐즈족처럼 월세 2백 20만엔짜리 최고급 맨션에 살며 자가

---

5. 자신을 중산층이라고 생각하는 일본인들의 비중이 1973년에 61.3%에서 2004년에는 52.8%로 급격히 감소하였다. 日本内閣部,『國民生活世論調査』(2004).

6. 지니계수(0-1)가 0에 가까우면 소득분배가 균등, 1에 가까우면 불균등함을 의미하며, 통상 0.4를 넘을 경우에는 상당히 불균등한 것으로 평가되고 있다.

7. 후리타족은 프리Free+아르바이트Arbeit를 줄인 말로 90년대 초반 일본에서 경제불황으로 인해 직장 없이 갖가지 아르바이트로 생활하는 청년층에게 붙여진 신조어이다.

용 비행기까지 굴리고 다니는 사람들과 예금 잔고도 없이 아르바이트로 생계를 꾸려 나가는 후리타족 사람들이 동시에 증가하고 있다.

〈표 6-3〉 일본의 소득지니계수의 추이

연도	시장소득 (경상소득)	가처분소득 (재분배소득)
1981	0.3491	0.3143
1984	0.3975	0.3426
1990	0.4334	0.3643
1993	0.4394	0.3645
1996	0.4412	0.3606
1999	0.4720	0.3814
2002	0.4983	0.3812
2005	0.5263	0.3873

자료: 厚生勞動省, 『平成18年度所得再分配調査』(2006).

이러한 소득의 격차문제는 계층간 격차 확대로 이어졌고, 현재 일본 사회통합을 저해하는 가장 심각한 문제로 대두되고 있다. 일본에서는 최근의 소득격차 확대를 "또 다른 분단국가의 탄생", "일본사회를 좀먹는 암적인 존재"로 표현될 정도이다.

그렇다면 이렇게 일본이 격차사회가 된 원인과 배경은 무엇일까? 첫째, 장기불황에 따른 고실업을 들 수 있다. 1990년대 후반 이후부터 일본의 실업률은 4-5%대를 계속 유지하여 왔다. 특히 젊은 세대들의 실업자 수가 큰 폭으로 증가하였다. 청년 실업률은 기업이 신입사원 채용을 억제하기 시작한 1998년부터 급상승하여 2005년 현재 14%를 기록하고 있다.

둘째, 노동시장 유연화에 따른 임금격차의 확대이다. 장기불황을 극복하기 위한 기업의 구조조정과 정부의 노동시장 유연화정책으로 저임금 비정규직 노동자가 양산되었다. 일본 총무성이 2007년 10월 기업과 관청 등에서 근무하는 직장인 5천 3백여만명을 대상으로 조사한 결과, 파트타임과 파견사원 등 비정규직 노동자가 조사 대상의 35.5%를 차지하는 1천 8백여만명에 이르는 것으로 나타났다. 특히 고용이 불안정한 청년층에서는 후리타족 같은 대량의 신저소득층이 양산되고 있다. 15세-34세의 노동인구 중 후리타족이 차지하는 비중이 2001년의 21%에서 2004년 25%로 급증하였다. 후리타족의 평균소득은 연간 100-200만엔에 불과한데, 이는 정규직의 약 1/4수준 정도 되는 것이다.[8] 따라서 이러한 비정규직 노동자들은 자신과 자녀를 위한 교육에 많은 투자를 할 수 없기 때문에 결국 소득격차가 대물림 될 수 있는 가능성으로 이어진다.

이 같은 격차 확대의 문제는 일본사회에 어떠한 문제점들을 야기하고 있는가? 첫째, 빈곤층에 의한 사회불안이 증가되고 있다. 최근에는 생활력 비관에 의한 자살인구가 계속해서 증가하고 있는 추세이며 또한 빈부격차에 따른 상대적 좌절감에 의한 분노의 표출이 범죄율도 증가로 나타나고 있다.

둘째, 일본 젊은이들의 노동 및 숙련형성에 대한 '의식 하류화'가 초래되고 있다. 일본 경제의 성장기에는 노동자가 회사와 일체감을 느끼고 헌신적으로 일하는 것으로 유명한 나라였다. 그러나 장기불황속에서 자신의 아버지가 평생 '맹렬사원'으로서 충성했던 회사로부터 해고되는 모습을 지켜 본 일본 젊은이들은 "이제 더 이상 기업은 우리를 지켜주지 않는

8. 朝日新聞社, "弱者の貧困化が格差を助長している," 『論座』(2005年 6月), p.106.

다", "기업을 위해 충성하는 것은 어리석은 짓이다"라는 의식이 만연하게 되었다. 즉 노동의욕을 상실한 일본 젊은이들이 계속 증가하고 있는 것이다. 최근 10년 사이 일본 젊은이의 특성을 지칭하는 말들은 그들이 얼마나 의욕도 의지도 없는지를 잘 보여준다. 일정한 직업 없이 아르바이트를 전전하는 '후리타족', 취업도 하지 않고 취업을 위한 교육도 받지 않는 '니트족', 경제적으로 독립할 생각을 하지 않고 부모에게 기생해서 살아가는 '패러사이트 싱글' 등과 같은 말들이다.

전후 일본은 고도성장과 안정된 사회질서에 기반한 일본인들만의 정돈된 가치관이 존재 하였다. 그러나 오늘날 일본은 사회변화에 대한 반감으로 인해 가치관, 윤리관, 행위규범 등의 혼란이 가중되고 있으며, 일본인의 정신적인 활력, 모럴moral이 쇠퇴하기 시작하였다. 인구구조의 급변화로 인해 일본은 사회보장시스템을 국가 전략적 차원에서 총체적으로 재검토해야할 단계에 이르렀다. 그리고 격차사회로 인해 '하류지향', '하류사회'라는 말이 상징하듯, 격차사회의 확대, 사회적 양극화의 심화가 두드러지고 있어, 사회의 안정을 붕괴시키고 있다. 가치의 혼란, 사회의 고령화, 사회적 양극화라는 심각하고 근본적인 과제가 일본사회의 미래에 놓여있다.

제7장

일본사회의 우경화

■ 제7장

일본사회의 우경화

> 도쿄 인근 방위의과대학. 자위대 군의관을 양성하는 이 대학 기숙사에 한 소년이 뛰어들었다. 1999년 5월 하순 아침 무렵의 일이었다. 소년은 칼로 대학생을 위협하며 인질 농성극을 벌였다. 등에 진 배낭엔 사제 폭탄 9발과 최루 스프레이, 한 뭉치의 성명서가 들어 있었다. 성명서에는 "현행 헌법을 파기할 것. 미국-러시아-한국에 빼앗긴 국토를 탈환할 것. 미국 등의 내정 간섭을 거부할 것." 폭탄 2발을 터뜨리며 저항하던 소년은 6시간 만에 경찰에 체포됐다. '우익소년'의 나이는 15세. 인근 고교 1년생이었다.
>
> 박정훈, 『닛폰의 실패를 배운다』에서

소년은 우익 확신범이었다. 일본사회에 경종을 울리려고 범행하였다고 자백했다. 29년전 미시마 유키오三島由紀夫[1]의 할복사건을 흉내낼 생각이었다. 놀라운 사실은 소년을 '의식화' 시킨 교사범이 한 권의 만화책이란 점이었다. 고바야시 요시노리小林芳規의 『전쟁론』[2]이었다.

---

1. 미시마는 일본 최고의 탐미주의 작가였다. 우리에게는 소설 금각사로 널리 알려져 있다. 미시마는 가와바타 야스나리川端康成를 뒤이은 일본의 유력한 노벨문학상 후보였다. 그는 1967년 민병대 조직인 '방패회'를 결성하였다. 방패는 천황의 방패였다. 1970년 11월25일 그는 4명의 방패회 회원들과 함께 육상 자위대 본부에 들어가 총감실을 점거하였다. 그는 "천황을 중심으로 역사와 문화를 지키는 것이 자위대 존재의 근본적인 목적이며, 일본을 지키는 것"이라 주장하였다. 그리고 곧 할복자살하였다.

2. 『전쟁론』은 일제의 태평양전쟁을 철저하게 미화한 만화이다. 전쟁론의 일부 내용을 보면 "일본군은 악랄하지 않았다. 미국의 원자폭탄 투하야말로 악마의 만행이었다." "전쟁은 악이 아니라 '정책'이다"라는 전쟁관을 피력한 뒤 작가는 결론을 내린다. '대동아전쟁'을 자랑스럽게 여기자는 것이다. "전쟁을 부정하는 것은 우리의 조부들을

1990년대 중반이후 일본사회의 이념적 변화를 한마디로 특징지운다면 그것은 "우경화의 흐름"이라 할 수 있을 것이다. 그렇다면 우경화란 무엇을 의미하는 것일까? 전후 일본사회에서 우경화에 대해 정의를 내리는 것은 결코 단순하지 않으나, 광의의 의미에서 '과거사의 합리화', '국가주의', '군국주의'가 정당화되고 강화되는 현상이라 볼 수 있다.

1990년대 중반이후 과거 침략의 역사를 정당화하려는 우파 지식인과 정치인들의 주장이 부쩍 강해졌을 뿐만 아니라 이 주장들이 각종 매체를 통해 확산되고 있다. 그리고 이들을 추종하는 사람들도 눈에 띄게 늘어나고 있다. 또 천황제와 군국주의의 상징인 기미가요와 히노마루의 법제화가 이루어졌는가 하면 국회에는 헌법조사회가 공식 설치되어 평화헌법의 개정문제가 본격적으로 논의되고 있다. 법 개정을 통해 자위대 역할의 확대가 진행되고 있다. 이제 일본의 우경화 추세는 일본국내의 어떤 세력도 거스를 수 없는 거대한 물결을 형성하고 있는 것으로 보인다.

1. 우경화는 어떻게 전개되고 있나

최근 일본사회의 우경화 현상은 여러 곳에서 나타나고 있다. 1990년대부터 보수·우익인사 및 단체들이 정계, 재계, 학계, 언론 등을 통하여 우경화 분위기를 노골적으로 조장하

부정하는 것"이라고 외친다. 이 책은 베스트셀러가 되었다. 1998년7월 발간 후 일년동안에 무려 60만권 이상이 팔렸다. 독자의 대다수는 10대-30대였다.

고 있다. 보통 일본사회의 우경화는 여러 형태로 전개되고 있지만 그 중에서도 크게 과거사 문제, 천황제의 이념화 문제, 군사대국화 문제 등과 관련하여 논의되는 것이 일반적이다. 이러한 문제들은 여러 측면에서 국가주의 및 군국주의와 맥을 같이하고 있다.

과거사의 정당화

일본의 우익세력들은 역사교과서를 통해 침략의 역사를 전면 부인하고 있으며, 과거 일본의 행위를 미화하고 있다. 역사교과서에는 전범국戰犯國 일본을 '아시아 국가들의 근대화'를 위해 선구적 역할을 한 국가로 기술함으로써 침략과 식민지배의 정당성을 주장하고 있다. 예를 들면, 조선에서 철도와 관개시설 등 식민지 수탈시설을 마련한 것을 마치 조선을 개발하기 위한 것처럼 왜곡하고 있다. 일본 역사교과서의 왜곡된 기술에 대해 한국이나 중국이 강한 유감의 표시와 함께 재수정을 요구했음에도 불구하고 일본 정부는 기본적으로 거부의 입장을 표명하였다. 이러한 우익세력들의 과거사 왜곡은 역사교과서를 통해 무엇보다도 일본의 젊은 청소년들에게 전달되고 있다는데 큰 문제점이 있다.[3]

---

3. 이에 비해, 독일의 역사인식은 일본과는 전혀 다른 모습을 보여주고 있다. 패전 후 독일은 과거의 불행한 역사를 극복하고자 주변국들과 30년 가까이 독일 역사교과서 협의를 진행해 왔다. 독일은 전후 역사교과서를 편찬할 때 폴란드, 프랑스 등 이웃 국가들과 협의 과정을 거침으로써 역사에 대한 이해를 넓히고 오해의 가능성을 최소화하였다. 따라서 역사 전문가들은 과거사에 대해 독일은 "기억"하고 있지만, 일본은 "망각"하고 있다고 지적한다. 田中宏 外, 『戰爭責任·戰後責任』 (朝日出版社, 1994).

이러한 역사교과서 왜곡의 중심에는 "새로운 역사교과서를 만드는 모임"(이하 새역모)이 있다. 새역모는 후지오카 노부카츠藤岡信勝의 '자유사관'에 동조하는 지식인들이 함께 결성한 단체이다.[4] 후지오카에 의하면 일본의 전후 역사교육은 어두운 면만 강조되고, 잘못된 면만이 부각되어서, '일본은 나쁜 나라'라는 부정적인 인식만 심어주고 있다고 한다. 따라서 일본의 과거사에는 좋은 점, 자랑할 점도 있게 마련인데 선과 악의 이분법에 의해서만 평가하지 말고 건강한 내셔널리즘을 갖고, 리얼리즘에 입각하여, 이데올로기로부터 자유로운 입장에서 일본의 역사를 평가하자는 것이 후지오카의 자유사관이다. 즉 일본이 올바른 국가진로를 선택하기 위해서는 긍정적 역사관을 바탕으로 한 확실한 국가의식이 필요하다는 것이 이들의 주장이다.[5]

새역모가 무엇보다도 역점을 두는 주요사업은 전국적으로 전개하는 역사교육 캠페인, 심포지엄과 끊임없이 생산해내는 출판 작업이라고 할 수 있다. 이러한 활동의 최종목표는 새역모가 만든 역사와 사회교과서의 채택률을 높여서 일본국민들에게 궁극적으로 국가의식을 강화하는 것이다.

또한 야스쿠니신사 참배도 과거사를 정당화하는 상징적 행위이다. 야스쿠니신사는 일본이 일으킨 청일전쟁, 러일전쟁,

4. 새역모 회원의 수는 약 1만명 정도에 이르고 있으며, 이 모임을 후원하는 명단을 보면 실로 엄청난 단체라 할 수 있다. 일본에서 유명한 세계적 기업들의 전·현직 회장들, 방위성, 문부성, 내각부 등의 전직 고위간부들, 일본 유수대학의 교수들, 문화, 예술, 종교, 체육계 등의 유명인사 들이 새역모의 후원멤버 들이다. 또한 후원회에 직접 가입하진 않고 있으나, 자민당 등 비롯해 일본 정치권의 우익정치인들 대다수도 새역모에 직·간접적으로 지원을 하고 있다.

5. 藤岡信勝, 『近代史教育の改革—善玉·悪玉史観を超えて』(明治圖書, 1996).

만주사변, 제2차 세계대전 등에서 숨진 246만여명을 신격화해 제사를 지내는 곳이다.[6] 이 신사는 특히 태평양전쟁의 주범이라 할 수 있는 도조 히데키東條英機를 비롯하여 A급 전범자 14명의 위폐가 합사되어 있는 곳이다.

이러한 야스쿠니신사에 일본 총리가 공식적으로 참배한다는 것은 A급 전범의 혼령 앞에서 일본인을 대표해 존경과 추모의 뜻을 표시하는 행동으로 전사자의 유족이나 후손이 개인적으로 참배하는 것과는 전혀 다른 상징성을 가진다. 이러한 참배는 한국, 중국 및 동남아시아 이웃국가들에게 잘못된 과거사를 청산하겠다는 의지가 부족한 것으로 비춰지게 되며 동시에 일본 군국주의의 망령이 되살아나는 듯한 인상을 주어 주변국의 비판을 받아왔다.

1985년에는 나카소네가 총리로서 처음으로 공식 참배하였고, 2000년에는 이시하라 신타로石原愼太郎 도쿄도 지사가, 2001년에는 고이즈미 총리가 공식 참배하였다. 야스쿠니신사 참배에 대한 이웃국가들의 우려에도 불구하고, 고이즈미 총리는 취임후 6번이나 참배를 강행하였다. 1985년 나카소네 총리가 최초로 총리의 자격으로 공식참배를 한 것이 문제가 되자 그 이후부터 총리의 공식 참배는 없었고 '개인자격'으로 참배하는 경우가 있었다. 그러나 2002년 4월 고이즈미 총리는 야스쿠니신사 방명록에 "내각총리대신 고이즈미 준이치로"라

6. 야스쿠니신사는 제2차 세계대전 당시에 전몰자를 호국의 영령으로 제사하고, 여기에 천황의 참배라는 특별한 대우를 해줌으로써 국민에게 천황숭배와 군국주의를 고무, 침투시키는데 절대적인 역할을 한 곳이었다. 또한 천황을 위해 목숨을 걸고 전쟁에 나서는 이들에게는 전사한 뒤에라도 그들의 희생을 영예롭게 기억하고 국가적 차원에서 그 넋을 위로한다는 것을 본인과 그 가족에 알림으로써 이러한 국가 이데올로기에 확신을 갖도록 하는 '감정의 연금술' 같은 장치였다.

고 적어 논란이 되었다. 또한 2005년 9월30일 오사카 고등법원에서 총리의 야스쿠니신사 참배는 '위헌'이라고 판결이 났음에도 불구하고, 고이즈미는 그해 10월17일 참배를 강행하였다. 특히 2006년도에는 이웃국가들의 깊은 우려와 거듭된 항의에도 불구하고 패전일인 8월15일에 신사참배를 전격적으로 강행하였다.

2006년 6월부터는 한국어와 중국어로 된 야스쿠니 홍보책자를 야스쿠니신사 방문자들에게 배포하기 시작하였다. 홍보책자의 내용 중에는 태평양전쟁을 '대동아전쟁'으로 기술하면서 "일본의 독립을 지키고 아시아 각국과 함께 번영하기 위해 싸우지 않을 수 없었다"라고 설명하고 있다. 제국주의적 대동아 전략과 태평양전쟁을 정당화하고 있는 것이다. 이러한 곳에 일본 총리가 일본인을 대표해 존경과 예의를 표하는 것은 침략전쟁과 잘못된 과거사를 정당화하고, 이웃국가들의 자극을 통해 일본 우익세력의 결속을 강화하려는 의도를 드러낸 것으로 보여진다.

천황제의 이념화와 국가주의

일본의 우경화 세력들은 천황제의 이념화를 기반으로 일본민족의 통합과 정체성 확립나아가 신국가주의의 부활을 꿈꾸고 있다. 일본의 천황은 메이지유신이후 신격화를 통해 국가주의 이념의 절대적 지위와 중심에 서있었다.

패전이후 절대천황제는 상징천황제로 바뀌어서, 정치적인 실권을 부여하지는 않지만, 천황이라는 호칭을 그대로 사용하면서 일본국민과 국가의 상징으로서 나아가 종교적 심벌로서도 존재하였다.

일본사회에는 천황 중심의 국가라는 의식이 반영된 공휴일이 많다. 예를 들면, 제2차 세계대전 당시 천황이던 히로히토裕仁를 기리기 위해 그의 탄생일인 4월29일을 '초록의 날'로, 메이지明治 천황의 탄생일인 11월3일은 '문화의 날'로 명명해 공휴일로 지정하고 있으며, 현재의 아키히토明仁 천황의 탄생일인 12월23일도 공휴일이다.

일본의 막강한 정치지도자나 혹은 정치조직들은 천황을 중심에 두고 국가의 결속을 강조하기도 한다. 2000년 6월 모리 총리는 "일본은 천황이 중심이 되는 신의 나라"라는 발언을 하여 큰 물의를 일으켰다. 이 발언은 군국주의적 이미지를 불러일으키기도 하였는데 실제로 도조 같은 전 총리를 포함한 군국주의적 지도자들이 자주 입에 담았던 내용이어서, 그 충격은 더욱 컸다.

일본은 1999년 8월13일 히노마루와 기미가요를 일본의 국기와 국가로 공식 법제화시켰다. 일본이 자국의 국가와 국기를 갖는 것은 당연한 권리다. 그동안에는 일본사회에서는 히노마루의 게양과 기미가요의 제창은 일종의 사회적 금기였다. 각급 학교 등 공공기관의 공식행사에서 그 같은 금기는 불문율로 지켜져 왔다. 거기에는 과거사에 대한 국민적 참회의 실천이라는 의미가 함축되어 있었다. 그러나 전전의 군국주의 상징이자 태양신의 자손인 천황을 상징하는 히노마루와 천황을 숭배하는 내용이 담긴 기미가요를 부활시키고, 공식적인 행사와 교육현장에서 의무적인 사용을 강요한 것은 다른 의도를 감춘 것으로 보여진다. 즉 교육과정을 통해 천황제를 정신적인 상징으로 승화시키고, 국가주의 의식을 확산시키려는 시도로 비추어졌다. 특히 1999년 '국기 · 국가법'이 시행될 때, 오부치 총리는 담화문에서 "국민에게 새로운 의무를 부과하는 것이 아니다"라고 분명히 언급했음에도 불구하고, 국기 · 국가의 의례를 거부하는 교사들이 징계를 받고 있는 것이 현실이다. 2003년 도쿄 시정부는 개학식과 졸업식 때 국기와 국가의례를 반드시 수행해야한다고 명시한 공문을 발송하였다. 이에 저항하는 교사들도 꾸준히 늘어났다. 그러자 시정부는 각 학교에 감시원을 파견하여 기념식 절차를 비디오로 찍었으며 국가를 부르는 동안 입도 열지 않은 교사가 누구인지를 보고하고 목소리의 크기는 어떤 수준이었는지를 기록하기도 했다. 북큐슈의 교육위원회는 한술 더 떠 국가가 연주될 때 모든 교직원과 학생들이 기립해야 할 뿐 아니라 올바르게 마음을 담아 노래해야 한다고 규정하였다. 이는 1930년대 메이지 헌법이 천황숭배 교육의 일환으로 학생들에게 지시한 내용과 유사한 것이다.

군사적 역할의 확대와 군사대국화의 경향

일본의 군사대국화는 법 제도의 정비를 바탕으로 지속적인 군사력 증강을 통해 점진적으로 진행되고 있다. 이러한 일본의 군사대국화은 주변국들에게 군국주의의 부활이라는 우려와 경계심을 갖게 하였다.

군사대국화를 위한 법 제도의 정비 중에서도 가장 주목해야 하는 것이 바로 평화헌법 9조를 둘러싼 개헌논의이다. 평화헌법 9조는 "일본이 앞으로 군사력을 보유하지 않을 것이므로, 다시는 다른 나라를 침공하지 않을 것"이라는 이웃국가들과의 평화의 약속이었다. 그래서 찰머스 존슨Charmers Johnson 같은 학자는 일본이 동아시아 식민지배와 전쟁범죄의 사과를 평화헌법 9조로 보고 있다.[7] 그러나 최근 일본의 헌법개정 움직임은 급물살을 타고 있으며 그 중심에 헌법 9조가 있다. 더불어 자위대의 역할을 전수방위에서 점차 해외로 넓히는 입법화를 통해 헌법 9조를 실질적으로 무력화시키고 있다. '주변사태법'이나 '테러대책 특별조치법' 등이 그것이다. 법 제도의 정비이외도 2007년에는 '방위청'이 '방위성'으로 승격되기도 하였다.[8]

한편 일본은 장기간 경기침체에도 불구하고 1990년대부터는 매년 약 4-500억달러에 달하는 돈을 군비로 사용해 오고 있다. 현재 일본의 해・공군력은 중국을 앞선 것으로 평가받고 있다. 일본의 군사무기중 ICBM, 장거리 전략폭격기, 공중급유기, 공격형 항공모함 등을 자위대가 보유하는 것은 헌법에도 위배되는 것이다. 일본은 헌법 9조를 통해 전수방위를 명시하고 있는데 방위에 불필요한 공격형 군사무기의 구입은 헌법에 위배되기 때문이다. 그럼에도 불구하고 일본은 이를 무시한지 오래되었다.

일본의 방위력은 국가방위만을 목적으로 하기에는 너무 비대한 면이 있다. 일본정부가 1957년부터 채택한 '국방의 기본방침'에는 '일본은 군사대국이 되지 않는다'라고 명기하고 있다. 하지만 현실은 정반대의 방향으로 흐르고 있다. 〈표 7-1〉

---

7. 『한계레신문』 2005년 5월 13일.

8. 방위청의 방위성 승격은 40여년 만에 이루어진 것이다. 일본은 제1차 방위력 정비계획이 끝난 1964년에 방위청의 방위성 이행법안을 각의에 통과시켰지만, 국제사회의 반대에 의해 국회에 제출하지도 못하였다.

에서 보여지듯이 일본의 군사비 지출은 매우 높으며, 동아시아 국가중에서 제일 많았다. 이는 북한위협론, 중국위협론, 미국의 방위분담론 같은 여러 원인이 복합적으로 작용한 결과이기도 하지만, 무엇보다도 자위대를 일본군으로 정착시키려는 보수우익세력들의 지속된 노력의 산물이었다.

〈표 7-1〉 2005년 군사비 지출 상위 15개국

순위	나라	군사비 (단위: 10억 달러)	세계군사비 대비 비중
1	미국	478.2	48%
2	영국	48.3	5%
3	프랑스	46.2	5%
4	일본	42.1	4%
5	중국	41.0	4%
6	독일	33.2	3%
7	이탈리아	27.2	3%
8	사우디아라비아	25.2	3%
9	러시아	21.0	2%
10	인도	20.4	2%
11	한국	16.4	2%
12	캐나다	10.6	1%
13	호주	10.5	1%
14	스페인	9.9	1%
15	이스라엘	9.6	1%

자료 : 국제평화연구소(SIPRI), 『군비 · 군축연감』(2006).

2. 우경화가 확산되는 이유는 무엇인가

일본사회의 우경화에는 다양한 원인이 작용했다. 첫째, 정치적으로 거대보수정당인 자민당을 견제하는 세력이 사라졌다는 사실이다. 냉전의 해체와 소선거비례대표병립제라는 새로운 선거제도 도입이후 사회당과 공산당 같은 진보정당들의 의석수가 급격히 줄어들었다. 현재 제 1야당인 민주당의 성향은 자민당과 큰 차이가 없는 보수정당이다. 결국 자민당을 견제할 진보세력의 약화는 정치의 '총보수화 현상'을 낳았다. 이는 일본사회의 우경화를 막을 수 있는 견제세력이 사라졌다는 것을 의미한다.

둘째, 일본의 장기불황은 일본인 내면에 민족주의 정서를 심어주었다. 일본경제의 오랜 침체는 현재 자신들의 곤경을 미국의 음모 탓으로 돌리며 스스로의 가련한 피해자로 생각하는 '반미 민족주의'와 역사를 거꾸로 올라가서 타국을 정복할 정도로 강한 자신감에 넘치던 자신을 상기하는 '회고적 민족주의'가 대두하게 만들었다.

일본의 우익인사들은 미국 중심의 신자유주의적 위협에 대처하기 위해서는 무엇보다도 미국의 '전횡'으로부터 독립적인 국제적 조건을 찾아내는 것이 중요하다고 보았다. 결국 이들이 모색한 것은 '혐미嫌美' 정서를 배경으로 한 '아시아주의'의 확대였다. 일본의 대표적인 극우인사인 이시하라 도쿄지사의 경우 미국의 약탈적 패권에 대한 대안으로 유럽연합을 거울삼아 대동아에도 강력한 엔권의 형성이 필요하다고 강조하였다.[9]

다른 한편으로 경제적 위기의 상황을 타파하기 위해 우익인사들은 '일본·일본인'의 새로운 자각, 더 나아가 '일본적인 것', '일본다움'에 대한 자부와 긍지를 찾고자하는 회고적 민족주의를 이용하였다. 노마 필드Noma Field같은 학자들은 1990년대 일본이 장기화된 불황을 히노마루, 기미가요의 법제화

---

9. 이시하라 신타로, 『NO라고 말할 수 있는 일본 경제』 (제이앤씨, 2004).

와 같은 일본 국민들의 감성적 자극을 통해 불만을 해소하고자 한다고 주장하고 있다.[10]

셋째, 일본의 보수우익들은 북한의 미사일 발사, 중국의 군사력 강화 등과 같은 이웃국가들의 위협을 적극 활용하였다. 북한의 1993년 노동 1호 미사일 실험과 그에 이은 1998년 대포동 1호 미사일 실험은 일본사회 내에 북한 위협론을 팽배하게 만드는 결정적 계기가 되었다. 그리고 북한의 핵실험을 이를 더욱 강화하였다. 또한 중국의 군사현대화는 일본에게 잠재적인 중국위협론을 강화하였다. 보수우익들은 이러한 이웃국가들의 '위협론'을 적극 활용하여 우경화의 확산을 도모하였다. 일부 강경우익 인사들은 북핵 위협에 대응하기 위해 일본도 핵을 무장해야 한다고 주장을 하고 있으며, 일본정부는 2004년부터 중국을 가상의 적으로 공식적으로 규정하고 있다. 일본은 북한의 미사일 위협과 중국의 군사력 강화의 빌미를 내세우면 군사대국화를 추구하고 있는 것이다.

넷째, 우경화에 관한 내용들이 각종 대중매체를 통해 확산되고 있으며, 이를 추종하는 사람들도 크게 늘어나고 있다는 사실이다. 예를 들면, 고바야시 요시노리의 만화책 『전쟁론』, 『대만론』, 『혐한론』이 베스트셀러가 되었고, 일본 청년들이 '천황군'으로 자랑스럽게 전쟁터로 나간다는 내용의 NHK 드라마 '스즈란'도 인기를 끌었다. 최근 세이론正論, 쇼군諸君, SAPIO 등 공공연하게 애국심의 고취와 수정주의적 역사해석을 주장하고 있는 우익적 대중잡지의 부수들도 크게 늘어나고 있다.

---

10. 노마 필드, "일본경제와 내셔널리즘," 『당대비평』 제9호(생각의 나무, 1999), pp. 401-405.

2004년 8월에는 각종 우익단체들의 집회나 행사를 집중보도하는 위성TV방송국 '채널 사쿠라'까지 생겼다. 반면 세카이世界등의 진보성향 매체는 판매부진을 거듭하고 있다. 거품경제 이후 제대로 된 직업을 얻지 못하거나 직업을 구해도 장시간 노동과 저임금에 시달리게 되어, 살아가는 목적이나 즐거움을 잃어버린 젊은 세대들은 극우잡지를 통해서 그들의 울분과 불만을 일본인의 우월감으로 자위하고 있는 것이다. 이는 과거 전쟁을 경험하지 못한 젊은 청소년들에게 배타적 민족주의를 불러오게 하는 큰 원동력이 되고 있다.

3. 21세기 일본국가는 어떠한 방향으로 나갈 것인가

일본의 우경화가 "파시즘", "극단적 민족주의", "군국주의" 같은 선동적인 단어와 직결시켜 논의하는 것은 지나친 비약이라는 주장도 많다. 그러나 우경화 현상이 계속해서 강화되고 있으며, 정치권을 통하여 저변을 넓혀가고 있다는 현실에 주목할 필요가 있다. 그리고 분명한 것은 최근 일본은 과거사의 정당화, 국가주의, 민족주의 등을 통해 일본을 하나로 묶는 정신적 가치를 찾고 있다는 점이다.

일본은 '패전' 이후에는 공개적으로 과거를 미화하고, 국가주의 강화를 주장하기 힘든 사회였다. 우파 정치인들의 인기는 그 주장에 공감해서가 아니라 '공개적으로는 하기 힘든 발언을 거리낌 없이 하는' 호방한 인물이라는 이미지 때문에 얻어진 것이 대부분이었다. 그러나 이제 일본인 스스로도 '일본만의 것'을 추구하는 국가주의를 일본사회의 트렌드로 인정하고 있는 분위기이다. 특히 아직 가치관 확립이 안된 일본 청소년들에게 국가주의 강화는 더욱 더 체계적으로 주입되고 있다. 이는 일본 청소년들이 즐겨보는 만화 같은 대중매체를 통해서 뿐만 아니라 국가에 의해서도 이루어지고 있기 때문이다.

2006년 일본의 교육기본법이 60년만에 개정되었다. 1945년 패전이전 교육칙어에 기초한 일본교육은 청소년을 충군애국忠君愛國에 사로잡히게 만들어 전장戰場으로 내몰았다. 그에 대한 반성으로 미국의 영향 아래 1947년 제정된 교육기본법은 '교육에 대한 국가의 부당한 지배와 정치적 개입을 배제하고 개인과 개성을 중시하는데' 초점이 맞춰졌다. 이 법은 59년 동안 한 자字도 바뀌지 않은 채, 교전권交戰權을 부인한 평화헌법과 함께 전후 일본의 정체성을 상징해 왔다. 하지만 개정된 교육기본법은 국가와 전통을 사랑하고 공공 의식을 함양하는데 초점이 맞춰졌다. 이제 일본의 학교현장에서는 '국가주의 교육'이 심화될 가능성이 높아졌다.

일본사회 내부에서도 우경화 흐름에 저항하는 운동은 자주 일어나고 있다. 양심적인 시민단체들은 일본정부의 전쟁책임 회피, 천황제의 부활, 역사왜곡 같은 문제에 저항하고 있기도 하다. 하지만 우경화로 대변되는 최근의 상황전개는 21세기 일본의 국가진로에 많은 의문과 우려를 던지고 있다. 이것은 또한 대동아 공영권의 망령에 뼈아픈 경험을 가진 주변국들에게도 새로운 과제를 던져주고 있다.

제8장

평화국가에서 보통국가로 :

미국과 동아시아 사이에서?

■ 제8장

평화국가에서 보통국가로: 미국과 동아시아 사이에서?

전후 일본의 외교기조는 한마디로 "미국이라는 강자와의 조율"이었다고 할 수 있다. 특히 일본은 대미의존속에 수동적 외교노선을 펼쳤다. 냉전이후에도 일본외교의 기본적인 속성은 유지되어 왔다. 냉전이후 미일동맹의 강화는 미국의 패권전략과 일본의 보통국가론이 함께 녹아있는 것이었다. 미일동맹을 기반으로 일본은 대내적으로 보통국가화를 꿈꾸며, 대외적으로 자위대의 역할 확대 및 국제공헌의 증대를 통해 국제사회에서 일본의 지위에 걸맞는 위치를 확보하려고 하였다. 그러나 최근 일본의 유엔 안보리 상임이사국 진출의 실패사례에서 보듯 일본은 더 이상 미국 중심의 외교만으로는 자신의 꿈을 실현하기가 불가능 하다는 섯을 알게 되었다. 특히 1997년 동아시아 금융위기이후 이웃국가들과의 협력이 절실한 과제로 다가왔다. 일본의 외교는 이제 미국과 동아시아 사이의 어려운 줄다리기라는 과제가 놓여 있다.

1. 전후 일본의 외교정책 방향은 어떠했나

메이지유신이후 일본의 대외전략은 후진적인 아시아를 벗어나 선진적인 구미 세계로 진입하는 것이었다. "탈아입구脫亞入口"를 통한 부국강병을 이루는 것이 이 시기 일본 대외전략의 최대 목표였다. 이에 일본은 서구 열강과의 '협조'와 제국으로서의 '발전'을 동시에 추구하였다. 이는 '대동아 공영권'이라는 일본중심의 극단적 대아시아 팽창주의로 발전되었고, 이 계획은 제2차 세계대전의 참패로 결국 좌절되고 말았다.

패전이후 일본은 미국에 의존하는 대외정책을 추구하였다. 일본의 대미의존적 외교는 샌프란시스코 강화조약에서 비롯되었다.[1] 미국은 냉전이 시작됨에 따라 아시아 지역을 소련으로부터 보호하려고 하였으며, 이를 위해서는 일본을 전략적 기지로 활용하고자 하였다. 이렇게 미국의 지원속에서 미일동맹의 기반이 마련되었던 것이다.

일본의 입장에서 보면 미국과의 동맹강화는 안보협력 뿐만이 아니라 일본경제의 부흥과 발전에도 매우 중요하였다. 미국은 일본에게 직·간접적인 경제원조를 아끼지 않았다. 1955년 일본이 GATT에 가입할 때에도 지지하였으며, 일본의 경제발전을 위한 기술원조도 제공하였다. 특히 일본에게 미국의 시장을 개방 한 것은 아시아 시장을 잃은 전후 일본경제에게 커다란 의미가 있었다. 일본은 미국의 안보우산 그늘과 경

1. 샌프란시스코 강화조약은 1951년 9월8일 미국 샌프란시스코에서 맺어진 일본과 연합국 사이의 평화 조약이다. 이 조약의 체결자리에는 공산권 국가들이 배제되었으며 일본과 마찰이 생길 수 있는 전쟁의 피해 국가들도 배제되었다. 특히 한국과 중국이 배제된 것은 훗날 요시다 총리의 로비에 의한 것임이 드러났다.

제후원아래 경제대국으로 성장할 수 있었다.

이처럼 전후 일본 외교전략의 주요목표는 미일관계의 강화가 우선이었다. 물론 1970-80년대 고도경제성장속에 경제마찰 같은 미일관계의 현안문제가 발생하기도 하였고, 1970년대 데탕트시기에는 일본이 자립외교도 시도하였지만 미국의 그늘에서 벗어나지를 못하였다. 이는 정치력이 뒷받침되지 않는 경제외교가 가진 구조적 한계 때문이었다. 일본은 "경제적 거인"이지만 "정치적 난쟁이"이였다. 따라서 일본은 경제대국이었음에도 안보나 정치의 측면은 물론이거니와 경제적 측면까지도 일본의 생각대로 외교정책을 펼치지 못하였다.

2. 냉전의 종식과 보통국가론의 등장

미소의 양극적인 대결구도가 와해된 냉전이후에도 미국과 일본의 동맹강화는 계속 유지되었다. 오히려 냉전기에 비해 더욱 더 강화되는 모습을 보여주었다.[2] 왜냐하면 냉전이후 미국이 국제사회의 패권을 유지하기 위해서는 일본의 도움이 필요했고, 일본 역시 국제적으로 정치적 영향력을 획보하기 위해 미국의 후원이 필요했기 때문이었다. 냉전이후 일본외교의 목표는 경제 강국에 걸맞은 정치적 영향력을 국제사회

2. 냉전종결 직후 일본 내에서는 소련이라는 주적이 사라진 만큼 미일안보체제가 더 이상 존속될 필요가 없다는 논의가 많이 제기 되었다. 미일안보체제 무용론자들은 일본이 미일동맹이 아닌 다자간 안보협력을 통해 국가 안보를 확보해야한다고 주장하였다. 이에 대한 대표적인 논자로는 아사히 도모후미淺井基文를 들 수 있는데 그는 대미추종적 외교 때문에 경제강국 일본이 국제사회에서 정치적 리더십을 발휘하지 못한다고 주장하였다. 淺井基文, 『日本外交 : 反省と轉換』(岩波書店, 1990).

에서 확보하는 것이었다.

1991년 제1차 걸프전이 발발 하였을 때 미국은 일본의 군사적 공헌을 강력히 요구하였다. 그러나 일본은 헌법상의 제약으로 걸프전에 자위대를 파견하지 못하였다.[3] 대신 일본은 130억 달러라는 엄청난 전쟁비용을 제공하였다. 걸프전이 종결 된 후 일본은 국제사회로부터 "돈만 대고 땀과 피를 흘리지 않은 얼굴 없는 국제공헌"이라는 비판을 받았고, 국내로부터는 국제적 위기상황에 일본이 적절히 대응하지 못했다는 비난에 직면하였다. 이러한 국제사회의 비판은 일본사회 내부에 있어서 국제사회에 대한 일본의 공헌문제를 둘러싸고 커다란 논쟁을 불러일으키는 계기가 되었다.

'걸프전 트라우마trauma'를 극복하고자 일본은 헌법상의 제약을 피하기 위한 방안으로 1992년 '평화유지활동(PKO) 법안'을 성립시켰다. 이로 인해 일본은 자위대를 유엔평화유지군의 일환으로 캄보디아, 모잠비크, 동티모르 같은 세계 분쟁지역에 파견할 수 있었다. 물론 파견된 자위대들의 임무는 도로, 병원, 난민캠프 건설 및 운영 같은 비전투적 일에 국한되어 있었다. 그러나 자위대의 임무수행이 비전투적인 활동이지만 국제무대에서 활동하게 되었다는 점을 고려한다면 이는 헌법 9조에 대한 공식해석의 꾸준한 확장과 완화를 수반하는 계기

---

3. 일본이 자위대 파견에 있어 헌법상 제약을 받은 것은 바로 헌법 제9조 때문이다. 헌법 9조는 일본 군국주의에 대한 반성에서 비군사화라는 전후 개혁의 일환으로 탄생하였다. 헌법 9조의 내용은 다음과 같다. 9조 제1항은 "일본 국민은 정의와 질서를 기조로 하는 국제평화를 성실하게 희구하고, 국제분쟁을 해결하는 수단으로써 국권의 발동내지는 전쟁과 무력에 의한 위협 및 무력의 행사는 영구히 포기한다." 9조 2항은 "前항의 목적을 달성하기 위해 육·해·공군 및 기타의 전력을 보유하지 않는다. 국가의 교전권은 인정되지 않는다." 이러한 내용 때문에 일본헌법을 '평화헌법'이라고 불린다.

가 되었다.

이러한 일본의 대외 군사적인 역할의 확대는 일본사회에 있어 '보통국가론'의 등장과 매우 밀접한 관계를 갖고 있다. 1990년대초 보수파의 대표적 인사인 오자와 이치로가 그의 저서 『일본개조계획』에서 보통국가론을 주장하였는데 오자와는 이 책에서 냉전종식을 계기로 일본이 소극적이고 비정상적인 국가에서 탈피하여 국제사회에서 국력에 걸맞는 외교와 안보의 역할을 담당해야 한다고 주장하였다. 오자와가 말하는 '보통국가'란 군대를 보유하고 외국과 자유로이 동맹을 맺어 집단자위권을 행사할 수 있는 나라를 말한다. 즉 1947년 연합군 점령 하에서 시행된 평화헌법 체제로부터 벗어나 정상적인 군사력을 보유한 보통국가로 가고자 하는 것이다. 오자와는 헌법 9조에서 자위대 활동을 금지하고 있는 국제분쟁이란 집단안전보장 체제의 작동이 아닌 주권국가간의 분쟁이므로 유엔 안보리의 결의에 따른 평화유지 활동에 자위대가 참가하는 것은 헌법상의 문제가 없다고 주장한다.[4]

이러한 입장에서 더 나아가 독자적인 군사력 행사까지 주장하는 견해가 있기도 하다. 여러 차이에도 불구하고 '보통국가론'으로 상징되는 견해들의 기본적인 입장은 일본이 경제강국인 만큼 그에 상응하는 정치적 역할, 군사적 역할을 할 수 있어야 한다는 것이다. 그리고 기본적으로 헌법 9조가 일본의 안보역할에 장애가 된다면 해석을 바꾸든지 헌법해석의 변경이 여의치 않다면 헌법자체를 개정하면 된다는 논리를 가지고 있다. 즉 패전의 형벌로 일본에 주어진 군사·안보의 족쇄

4. 小澤一郎, 『日本改造計劃』(講談社, 1993).

를 벗어버리자는 것이다. 보통국가론은 일본의 재무장 및 평화헌법 9조 개정의 논리적 기반이 되고 있다. 이러한 보통국가론은 1990년대 중반이후 계속해서 일본의 국가전략 논의의 주류로 자리를 잡고 있다.

3. 미일동맹은 어떻게 확대, 강화되고 있나

1990년대 후반 이후에도 미국과 일본은 지속적인 동맹관계를 유지하여 왔다. 1996년에는 미일군사 동맹관계 및 일본의 군사적 역할 증대를 내용으로 하는 '미일신안보공동선언'이 발표되었고, 1997년에는 공동선언의 구체적인 내용을 담은 '미일신방위협력지침(신가이드라인)'이 개정되었다. 구가이드라인의 주요내용은 일본에 대한 무력공격이 발생하였을 경우에 미일 양국이 어떻게 공동대처 할 것인가이었다면 신가이드라인은 일본열도이외 일본의 주변지역에서 유사사태가 발생하였을 경우 미일 양군이 공동으로 군사 활동을 할 수 있도록 규정한 것이다. 신가이드라인에서는 기존의 가이드라인에서 사용했던 '극동사태'라는 용어대신에 '일본주변사태'라는 새로운 개념을 도입함으로써 군사협력의 대상지역을 더욱 광역화하였다. 이러한 신가이드라인의 실효성을 높이기 위하여 일본은 법 제도적 정비로서 1999년 '주변사태법안'을 통과시켰다.

미일신가이드라인은 나이 이니셔티브Nye Initiative[5]에 기반

5. 나이 이니셔티브는 하버드대 국제정치학자인 조셉 나이Joseph Nye 교수가 클린턴 정부때 국방차관보에 취임하면서 동아시아에서의 미국의 전략적 역할에 대하여 재검토한 후 나온 미국의 신동아시아 안보전략이라고 할 수 있다.

한 것으로 미국이 동아시아에 부상하는 중국에 대하여 어떻게 대응할 것인가에 대한 대답이라고 볼 수 있다. 미국은 일본과의 기존 양자동맹의 강화를 통하여 궁극적으로 중국을 견제한다는 의지를 담았다. 결과적으로 미일신가이드라인은 일본의 군사적 역할의 확대를 촉진시키는 계기가 되었고, 이후 일본이 동아시아에서 군사대국화의 길을 걷게 하는데 큰 원동력이 되었다.

2000년대이후 미일동맹의 강화의 필요성은 2000년 10월에 발표된 아미티지-나이Armitige-Nye Report 보고서[6]에서도 잘 드러나고 있다. 이 보고서에 의하면 "국방 분야의 미일 협력에서 개편된 신가이드라인은 최종목표가 아닌 최초 출발점으로 간주되어야 한다"고 일본에게 주문하고 있다. 신가이드라인에 담긴 내용은 최소수준이라는 것이다. 그리고 미국과 영국의 특별한 관계가 미일동맹의 모델이라고 생각하고, 미일동맹을 영미동맹 수준으로 격상시켜야 한다고 주장하였다.

이러한 미국의 요구에 일본정부도 상응하는 모습을 보여주고 있다. 9.11테러 이후 미국의 대테러 전쟁을 지원하기 위해 일본은 2001년 '테러대책 특별조치법'을 채택했고, 보급함과 이시스함으로 구성된 함대를 인도양에 파견하여 아프카니스탄전에서 미군과 영국군의 전력에 필요한 급유의 절반을 조달하였다. 2004년 7월에는 인도주의적 재선이라는 명목으로 '이라크 부흥지원 특별조치법'을 채택하여, 국내 파병반대 여론에도 불구하고 대규모의 육상 자위대와 공군 자위대를 이라크에 파견하였다.

6. 아미티지-나이 보고서는 미국의 대일외교 지침에 관한 초당파적 정책 제언서이다.

일본의 전투지역 해외파병은 이제 일본의 군사 활동이 기존 주변사태법에서 규정한 일본의 영역과 주변의 공해상에 한정되지 않고 세계 어느 지역으로도 파견 될 수 있는 법적 근거를 가지게 되었다.

전후 헌법 9조를 통하여 일본이 더 이상 전쟁을 하지 못하게끔 만들었던 미국이지만, 바로 그 미국에 의해 일본의 전수방위원칙이 무력화되고 있다. 미국은 일본의 보통국가화 움직임을 권장하면서 대등한 입장에서 일본이 더 많이 국제적인 공헌을 하고 미국의 비용을 분담하기를 바라고 있다.

4. 경제의 위기, 동아시아 그리고 일본

동아시아 경제위기이전까지 동아시아에서 일본의 역할은 그다지 활동적이지 못하였다. 일본은 정부개발원조(ODA) 공여를 통해 동아시아 국가들에게 많은 도움을 제공하였다. 그러나 일본의 ODA 공여는 "변형된 전쟁배상"의 성격을 가지고 있었을 뿐만이 아니라 원조방식도 유상원조가 대부분이었다. 또한 경제적 이익 위주의 상업주의적 ODA 정책을 실시해왔다는 비판을 받기도 하였다.

그러나 동아시아 경제위기이후부터 일본의 역할은 증대되기 시작하였다. 1997년에 시작된 동아시아 경제위기의 상황은 일본으로서도 방관할 수 없는 사안이었다. 동아시아 경제위기로 인한 역내 국가들의 경제침체는 1990년대 일본의 경제상황을 더욱 악화시키는 원인이 되었기 때문이다. 동아시아의 경제위기는 일본에게 동아시아의 중요성을 일깨워주는 계기가 되었다.

또한 동아시아 경제위기는 일본으로서는 역내에서 자신의 입지를 강화할 수 있는 좋은 기회였다. 일본이 역내 경제위기의 극복을 위해 다양한 경제협력의 주도권을 발휘한다면 동아시아 국가들로부터 존경받는 국가가 될 수 있을 뿐만 아니라 특히 동아시아에서 부상하는 중국과의 경쟁에서도 우위를 선점할 수가 있었다.

이에 일본은 경제위기에 빠진 아시아 국가들을 지원하기 위해 다양한 프로그램들을 시행하였다. 예를 들면, 위기를 겪은 역내 국가들의 실물경제 회복을 위한 자금을 지원하기도 하였으며, 외환위기를 예방하기 위해 동아시아 통화기금 창설 구상을 제안하였고[7], 통화 스와프swap 체결도 성사시켰다. 세계 최대의 채권국이며 외환보유국인 일본은 동아시아 금융협력 문제를 자연스럽게 주도할 수 있었다.

동아시아 경제위기의 여파가 점점 가라앉으면서 동아시아 국가들의 관심은 점차 금융으로부터 무역, 특히 자유무역협정(FTA) 문제로 이동하였다. 다자주의를 통상외교의 기본으로 삼아온 일본은 2000년대부터는 동아시아 국가들과 FTA를 추진함으로써 역내 교역관계의 심화에도 기여하고 있다. 일본은 동아시아에서 중국에게 주도권을 빼앗길 우려 때문에 중-ASEAN의 FTA 체결에 대해 민감하게 반응하였다. 즉 지금까지 누려왔던 동아시아에서 일본의 우월적 지위를 걱정하게

---

7. 아시아 통화기금 창설의 구상은 미국의 즉각적인 반대에 의해 추진되지 못하였다. 동아시아 통화기금의 탄생은 아시아 독자적인 금융기구의 탄생을 의미하는 것이다. 이것은 일본이 경제 분야에서 만큼은 미국의 영향에서 벗어나 아시아에서 독자적인 행보를 추구한다는 의미를 가지고 있다. 일본은 결국 미국이라는 거대한 산을 넘지 못하였다.

된 것이다.

동아시아 국가들과 일본간의 FTA 체결은 협상이 좀처럼 쉽게 진전되지 않는 특징을 가지고 있다.[8] 왜냐하면 일본은 국제적으로 경쟁력이 없거나 약한 분야는 FTA 협상대상에서 제외시키려는 경향이 강하기 때문이다. 따라서 FTA가 추진되더라도 협상과정이 오래 걸릴 수밖에 없고 실제로 성사되더라도 실질적인 내용에 적지 않은 제약이 따를 수밖에 없다. 대표적인 예로 농수산물 분야를 들 수 있다. 그러나 동아시아에서의 교섭 대상국들은 이런 농수산업부문에서 일본과의 수출확대를 희망한다. 한마디로 일본은 경제강국으로써 개도국들에게 시혜施惠적 모습을 보여주지 못하고 있는 것이다.

앞서 언급한 동아시아 경제협력 정책들은 'ASEAN+3'이라는 협의체[9]에서 많이 논의를 걸쳐 결정되고 있으며 그 성과도 많다. ASEAN+3의 제도화 수준이 유럽연합(EU)이나 북미자유무역지대(NAFTA)같은 다른 지역에 비해 낮지만 '지역 정체성'을 중심으로 한 동아시아 최초의 협의체 기구이며, 미국을 배제한 '아시아만의 연대'라는 점에서 그 의미는 크다고 할 수 있다. 따라서 ASEAN+3는 동아시아 지역주의의 가장 근간이 되는 토대이다.

그런데 ASEAN+3 국가들만의 미래 발전 형태로 합의됐던 동아시아 정상회의(EAS)에서 일본은 인도, 호주, 뉴질랜드를 끌어들였다. 이 세 나라들은 전통적으로 친미국가들로 분류

---

8. 예를 들면, 중국과 ASEAN간의 FTA 추진은 제안에서 이행까지 2년이 채 걸리지 않았는데 비해 일본과 싱가포르간의 협상은 사전 검토에서 서명까지에만 2년 2개월이라는 시간이 걸렸다.

9. ASEAN 10개국과 한국, 중국, 일본으로 구성되어있다.

된다. 일본이 이 세 국가를 끌어들이려하는 것은 동아시아에서 중국의 영향력을 희석시키려는 한편, 미국의 간접적 영향력을 담보해 놓고자하는 정치적 의도가 포함되어 있는 것으로 보인다. 동아시아 경제위기이후 일본은 다양한 경제협력을 통한 동아시아에서 리더국의 역할을 하였음에도 불구하고 여전히 미국의 그늘에서 벗어나지 못하는 한계점을 계속 안고 있다.

5. 기로에선 일본외교

21세기 일본외교의 가장 큰 목표 중에 하나는 바로 유엔안보리 상임이사국이 되는 것이다. 일본은 미국과의 긴밀한 관계를 바탕으로 안보리 상임이사국 가입을 위한 적극적인 외교활동을 펼쳤다. 2004년 제59차 유엔총회에서 고이즈미 총리는 안보리 상임이사국 진출 의사를 국제무대에서 처음으로 공식화하는 연설을 하였다. 일본은 유엔에 대한 일본정부의 재정적 기여에 있어 명실상부한 제2위의 유엔분담금 부담국[10] 뿐만이 아니라, 그동안 일본정부가 행해온 국제평화유지활동 및 국제공헌활동 등을 이유로 안보리 진출을 주장하였다.

일본이 안보리 상임이사국에 신출하려는 이유는 국제사회에서 일본의 정치력이 경제력에 비해 아주 미비하기 때문이

10. 2004-2006년을 기준으로 UN 분담금은 미국이 22%로 가장 많이 부담하고 있으며 다음으로 일본이 약 19.47%를 부담하고 있다. 일본의 분담비율은 3위 독일(8.66%)과 비교해 볼 때 10%이상의 격차를 보이고 있다.

다. 일본은 1990년대부터 안보리 상임이사국 진출을 위한 외교총력전을 전개해 왔다. 2004년에는 외무성에 안보리 상임이사국 진출을 담당하는 유엔강화대책본부를 설치하였고, 2005년에는 일본의 모든 외교활동 책임자들이 도쿄에 소집되어 안보리 상임이사국이 되기 위한 마지막 단계들을 조율했다.

일본의 안보리 상임이사국 진출에 대하여 이웃국가인 한국과 중국은 일본의 신뢰성에 의문을 제기하며 반대의사를 분명히 표명하였다. 그래도 일본정부의 생각은 한국, 중국 등이 반대해도 미국의 지지에 의해 다른 아시아 · 아프리카 국가들의 지지를 얻어 안보리 상임이사국 진출을 할 수 있을 것이라 확신했다. 그러나 안보리 상임이사 진출에 관련한 공식 의안이 2005년 8월 유엔총회에 상정됐을 때 아시아 국가 중 공식적 지지 의사를 표명한 나라는 아프가니스탄, 부탄, 몰디브 등 세 나라뿐이었다.[11] 결국 일본은 안보리 상임이사국 진출에 실패하고 말았다. 실패의 원인은 미국과의 동맹이 약해서가 아니라, 이웃국가들과의 관계악화가 빚은 결과였다. 지난 반세기동안 일본이 아시아에 투자차원에서 수십억 달러를 사용한 게 무용지물이 되고 말았다.

미국 일변도의 일본외교 정책을 보는 한, 아시아 국가들은 일본이 안보리 상임이사국이 된다고 하여도 미국 추종표가 한 표 늘어나는 데 그칠 뿐이라고 판단하였다. 동아시아 전문가들은 일본이 진정한 국제 사회의 리더가 되기 위해서는 먼저 가까운 이웃들로부터 신뢰와 인정을 받아야한다고 지적하

11. 참고로 유럽에서는 독일의 유엔 안보리 상임이사국 진출을 돕기 위해 프랑스를 비롯한 11국이 공동제안 국이 되었다.

고 있다.

이제 분명해진 것은 일본의 외교가 미국 중심만으로 성공하기가 어렵다는 것이다. 일본의 외교 과제는 미국과 아시아의 양자택일 문제가 아니라, 그 양쪽을 어떻게 조화롭게 조정하면서 이웃국가들의 신뢰를 얻는 것이냐에 달려있다.

보론

일본 민주당정부의 등장과 전망

■ 보론

일본 민주당정부의 등장과 전망

1. 2009년 8월30일의 정치혁명과 정권교체의 의미

2009년 8월30일은 일본 정치사에서 '정치혁명'으로 불릴만한 중대한 변화가 일어난 날이었다. 현대일본정치에서 상상하지도 못했던 정권교체가 실제로 일어났던 것이다. 일본의 영원한 집권당인 자민당의 패배와 만년야당인 민주당의 집권은 일본이 크나큰 정치적 요동의 시대를 지나고 있음을 상징적으로 보여주었다.

이번 중의원 선거에서 민주당은 과반수 240석보다 크게 늘어난 308석의 의석을 획득하여 집권에 성공하였다.[1] 반면 자민당은 119석을 획득하여 지난 선거보다 177석이나 줄어들어 1955년 창당이후 최대의 참패를 경험하였다. 자민당은 54년간 누렸던 제1당의 지위에서 물러나고 처음으로 제2당이 되었

1. 이는 과거 나카소네 총리시절 자민당이 단독으로 300석을 획득한 의석보다 8석이 많은 경이로운 숫자이다.

다.[2] 지난 1993년 호소카와 내각에 의해서 야당으로 물러났을 때에도 자민당은 여전히 굳건한 제1당이었다. 할아버지인 하토야마 이치로鳩山一郎가 만든 자민당을 손자인 하토야마 유키오鳩山由紀夫가 물리치고, 제93대 일본총리에 취임하여 민주당 정부를 발족시켰다.

〈표 9-1〉 주요 정당별 의석수 추이

	자민당	민주당	공명당	공산당	사민당	국민신당	합계
2009년	119	308	21	9	7	3	480
2005년	296	113	31	9	7	4	480
2003년	237	177	34	9	6	-	480

민주당의 압승과 자민당의 참패로 요약되는 2009년 중의원 선거 결과는 실로 역사적이라 할 수 있다. 1955년 자민당 집권 이래 수상의 교체는 자민당 내 파벌간의 정권교체에 불과했다. 1993년 비자민 연립정권인 호소카와 정권은 유권자들의 직접적 선택에 의한 것이 아니라 자민당 내부의 분열에 의해 만들어진 것이었다. 지금까지 자민당은 국민의 비판이 있었음에도 불구하고 제1당의 자리를 놓친 적이 없었다. 그러나 이번 선거를 계기로 국민들과 정치인들은 유권자의 심판에 의해서 언제라도 정권교체가 가능하다는 것을 각인시켜 주었다는 데에 큰 의미가 있다. 민주당 정부의 등장은 단순한 자민당정부의 실패를 보여준 것을 넘어서서 유권자의 의사가

2. 자민당이 정권을 내어 준 것은 이번이 처음은 아니다. 1993년 중의원 선거에서도 자민당은 과반수를 얻지 못했고, 자민당을 제외한 대부분의 정치세력이 연대하여 연립정권을 구성한 바 있다. 따라서 엄밀히 말하면 정권교체는 16년만인 셈이고, 54년 만에 교체된 것은 제1당으로서의 지위이다.

정당정치를 통해서 정권수립에 영향을 미친다는 민주주의의 원리가 일본정치에서도 자리잡고 있음을 보여주었다.

2. 왜 민주당은 정권교체에 성공하였는가

2009년 중의원선거에서 민주당의 승리는 갑자기 일어난 것은 아니었다. 이미 2007년 참의원 선거에서 민주당은 총 의석 237석 가운데 118석을 획득하여 참의원에서 제1당이 되었다. 이러한 변화가 일어난 원인은 무엇이었을까? 견고한 자민당의 아성이 무너진 이유는 무엇일까?

가장 큰 요인으로는 자민당정부의 실패를 들 수 있다. 선거직후 실시된 한 여론조사에 의하면 유권자들이 민주당 후보에 투표한 이유로서 '정권교체를 원해서'가 81%, '민주당의 정책을 지지해서'가 38%로 조사되었다.[3] 이러한 응답은 유권자들이 자민당정부에 대한 실망이 더 컸다는 것을 보여준다. 이번 선거는 정책선거라기 보다는 반자민당 정서가 크게 작용한 것으로 보인다. 일본 국민들은 자민당의 장기집권에 염증을 내고 새로운 정치적 대안을 민주당에서 찾은 것이다.

그렇다면 일본국민들이 자민당정부에 느낀 실망감은 어디에서 온 것일까? 우선 고이즈미정권하에서 진행된 신자유주의적 경제개혁이 가져온 후유증이 컸다는 점이다. 고이즈미정권이 취한 일련의 개혁정책들은 1990년대 후반부터 시작된 일본경제의 장기불황을 탈피하는데 큰 역할을 하였지만, 격

3. 『朝日新聞』(2009年 9月1日).

차사회의 확대와 사회보장의 붕괴라는 부작용도 동시에 안겨 주었다.[4] 경제 활력 회복을 위해 진행된 '신자유주의적 개혁'은 당시에는 시대의 추세로 받아들여졌으나, 2009년 중의원 선거에서는 자민당을 역공逆攻하는 부메랑이 되고 만 것이다.

이와 더불어 고이즈미 정권이후 등장한 아베, 후쿠다, 그리고 아소로 이어지는 단명 내각의 무책임함과 무능력은 자민당정부에 대한 일본국민들의 불만을 심화시켰다. 이들 수상들은 모두 1년을 넘기지 못하고 물러남으로써 자민당의 집권능력에 대한 국민들의 신뢰를 스스로 붕괴시켰다. 그래서 "고이즈미가 자민당을 파괴시켰고, 아소가 민주당정권을 만들어 주었다"는 말이 나올 정도로 자민당에 대한 절망감은 컸으며, 이것이 정권교체로 이어진 것이다.

다음으로 민주당의 성공적인 선거전략도 중요하게 영향을 미쳤다. 민주당은 이번 중의원 선거를 '정권교대'를 슬로건으로 국민들의 열망을 집약시켰다. '선거의 귀재'라 불리우는 오자와 민주당 간사장이 중심이 된 체계적인 선거전략도 중요하였다. 더욱이 민주당은 아동수당, 고교수업료의 무상화, 고속도로 통행료의 무료화 등과 같은 국민들이 알기쉽고 생활에 밀접한 정책공약을 매니페스토manifesto로 내걸어 국민들의 지지를 유도하였다. 이러한 민주당의 선거전략은 많은 논란에도 불구하고 정권교대와 눈에 보이는 정책변화를 원하는 국민들에게 파고들 수 있었던 것이다.

끝으로 일본의 선거제도와 무당파의 투표행동도 중요한 요인이었다. 1994년에 바뀐 일본의 선거제도는 소선거구-비례

4. 자세한 내용은 본서 5장과 6장 참조.

대표 병립제이었다. 300석은 소선거구제로 뽑고 180석은 비례대표로 선출하는 혼합제이다. 비록 병립제라고는 하지만, 소선거구제를 기본으로 하고 비례대표제를 보완적 제도로 구성된 것이다. 자민당이 압도적으로 승리한 2005년과 민주당이 압승한 2009년도 중의원 선거결과를 비교하여 보자. 이번 선거에서 민주당은 소선거구에서 무려 169석이 늘어난 221석을 차지했다. 비례대표에서도 26석을 보태 87석을 거머쥐게 되었다. 그 결과 전체의석이 지난 선거 때 보다 3배 가까이 늘어나게 되었다. 반면에 자민당은 지역구에서 무려 155석을 잃어 64석밖에 얻지 못했고, 비례대표에서도 22석을 잃으며 55석을 차지하는데 그쳤다. 소선거구와 비례대표 모두 10% 안팎의 득표율 차이에도 불구하고 의석수에서는 매우 치명적인 결과로 나타났다. 이를 좀더 구체적으로 살펴보자.

〈표 9-2〉 중의원 선거에서 자민당과 민주당의 득표율과 의석율 비교(%)

구분	소선거구		비례대표	
	자민당 득표율 (의석율)	민주당 득표율 (의석율)	자민당 득표율 (의석율)	민주당 득표율 (의석율)
2005년	47.8% (73.0%)	36.4% (17.3%)	38.2% (42.8%)	31.0% (33.9%)
2009년	38.7% (21.3%)	47.4% (73.7%)	26.7% (30.6%)	42.4% (48.3%)

〈표 9-2〉를 살펴보면, 2005년 소선거구에서 자민당은 민주당에 비해 11.4% 더 많이 득표하였지만, 의석은 55.7%167석나 많이 얻었다. 반면에 2009년 소선거구에서 민주당은 자민당에 비해 8.7% 더 많이 득표하였지만 의석은 무려 52.4%157석나 더 얻었다. 이는 최다득표를 뽑는 소선거구제도에 기인하는 것으로 득표율의 작은 변화가 의석율의 큰 변화로 나타난 것이다. 반면 비례대표제는 크게 영향을 주지 않는다. 2005년

선거에서 자민당은 민주당에 비해 득표가 7.2% 많아 의석도 8.9% 더 얻었다. 2009년 선거에서 민주당은 득표를 15.7% 더해 의석도 17.7%를 더 많이 가져갔다. 결국 민주당의 득표율이 자민당보다 많아서 정권교체를 할 수 있었지만, 엄청난 의석수의 차이를 가져온 것은 최다득표를 선출하는 소선거구에서 득표율과 의석율의 차이를 확대시켜 민주당의 의석을 증가시켜 과반수이상의 의석획득을 가능하게 하였던 것이다.

이러한 지지율의 변화에는 '무당파'라는 일본의 정치불신층이 영향을 미쳤다. 일본사회에서 무당파층은 전체유권자의 20%를 상회하고 있다고 알려져 있다. 앞서 언급한 것처럼 10% 안팎의 득표율 차이에 의해 정권이 결정 된다면 무당파층의 선택은 바로 정권의 선택으로 직결될 가능성이 높다는 의미를 갖는다. 2005년 고이즈미 총리가 주도한 자민당의 '우정선거 압승'도 따지고 보면 무당파층의 지지 때문이었고,[5] 그 무당파층의 표심이 이번에는 민주당 압승의 원동력이 되었다. NHK 방송 출구조사에 의하면 무당파의 민주당 투표율은 52%로, 자민당의 17%보다 3배 이상 높게 나타났다. 무당파의 정치적 선택이 소선거구제의 제도적 특성과 결합되면서 정권교체라는 정치적 변화를 이끌어내었던 것이다.

---

5. 2005년 중의원 선거에서 자민당은 선거구에서 38%, 비례구에서 33%의 지지를 무당파층으로부터 획득하였는데, 자민당이 무당파층으로부터 선거구와 비례구 모두 30%이상을 득표한 것은 소선거-비례대표 병립제가 도입된 96년 중의원 선거이후 처음 있는 결과였다. 『朝日新聞』(2005年 9月12日).

3. 민주당은 어떻게 만들어졌는가

이번에 정권을 잡게 된 민주당은 어떻게 해서 탄생하였을까? 민주당의 역사는 1996년으로 거슬러 올라간다. 1996년 1월 사민당은 그해 중의원 선거에서 사민당 단독으로 의석을 획득하는 것이 힘들다고 판단하였다. 당 내부에서는 사키가케와의 합당을 통한 신당결성을 모색하고 있었지만, 사키가케 내의 일부 의원들의 반발로 인해 무산되고 말았다. 당시 사키가케의 하토야마 유키오와 칸 나오토菅直人 등은 독자적인 창당을 모색하고 있었는데, 이 과정에서 사민당을 탈당한 48명의 의원들이 이들과 합류함으로써 민주당이 탄생하게 된 것이다. 민주당은 1996년 중의원 선거를 앞두고 제3세력을 형성하게 되었다.

이후 민주당은 1997년 11월 자민당에 이어 두 번째로 큰 정당인 신진당의 해체를 기점으로 꾸준히 당세를 불려왔다. 1998년 4월에는 신진당 탈당파를 흡수해 제2정당으로 성장하게 되었다. 그리고 2000년 6월 중의원 선거에서 127석을 획득, 정계에 신선한 바람을 일으켰다. 종전 의석 52석에 비하면 비약적 발전이었다. 이때부터 민주당은 제1야당으로서 일본 정치사에서 명실상부한 자리를 잡게 되었다. 2003년 9월에는 오자와가 이끄는 자유당과 전격적으로 합당하였고, 2003년 중의원 선거에서는 50석이 늘어난 177석을 기록하기도 하였다. 2004년 7월 참의원 선거에서는 자민당49석보다 많은 50석을 획득하기도 하였다. 2005년 9월11일 고이즈미의 '극장정치'로 중의원 선거에서 고전 끝에 113석을 얻는데 그쳐 타격을 입기도 했지만, 제1야당으로서의 입지는 놓치지 않았다. 그러나 고이즈미 개혁 효과는 그리 오래가지 못하였고, 민주당은 2007년 참의원 선거에서 대승을 거두게 되었다. 그리고 그 여세를 몰아 2009년 도쿄 도의원 선거에서 압승을 거두고, 중의원 선거에서 정권을 잡게 된 것이다. 1996년 9월 민주당이 창당된 이래 13년 만에 역사적인 정권교체에 성공한 것이다.

〈표 9-3〉 민주당의 정치적 부침

1996. 09.	민주당 결성(사키가케, 사민당 탈당 의원 중심)
1996. 10	중의원 선거에서 52석 획득, 제3세력 형성
1998. 04	신진당 탈당파 흡수, 제2정당으로 발돋움
1998. 07	참의원 선거에서 대거 약진(38석에서 47석 증가)
2000. 06	총선거로 127석 획득
2001. 07	고이즈미의 등장으로 당 지지율 하락
2003. 11	자유당과의 합당에 힘입어 총선 약진(117석 획득)
2004. 05	연금 미납문제로 칸 대표 사임, 오카다 대표선출
2004. 07	참의원 선거에서 자민당을 상회(자민당: 49, 민주당: 50)
2005. 09	우정성 민영화 총선에서 대패
2006. 04	위장메일 사건으로 오자와 대표 취임
2007. 07	참의원 선거에서 자민당 승리(자민당: 36(총 83), 민주당: 60(총 109))
2009. 03	오자와 대표 정치헌금 사건으로 사임
2009. 05	하토야마 대표로 취임
2009. 07	도쿄 도의원 선거압승(도의회 사상 처음으로 제1당 승격)
2009. 08	중의원 선거 압승, 정권교체 성공

주) 2006년 3월 허위정보로 자민당을 공격하였으나 위장 메일로 밝혀지면서 민주당에 대한 역풍이 거세짐.
자료: "ああ,わが民主黨の13年,"『AERA』, 38号(2009).

민주당이 수권정당으로서 자리를 잡고, 2009년 정권을 교체를 할 수 있었던 것은 당내 오자와, 하토야마, 칸, 오카다岡田克也와 같은 지도자들의 뛰어난 리더십이 있었기에 가능하였다. 특히 그 중에서도 오자와[6]라는 정치인의 역할이 절대적이었다.

---

6. 1990년대 이후부터 일본 정계재편 과정의 중심에는 오자와가 늘 함께 있었다. 오자와는 원래 자민당 소속의 영향력이 있는 정치인이었다. 그러나 1993년 선거구제 개

민주당은 오자와가 당 대표로 취임한 이후 실질적인 수권정당으로서의 면모를 갖추어 나갔다. 오자와는 당 대표시절 고이즈미식 개혁의 부작용에 대해 전면적으로 비판하는 정치행보를 취하였고, 고이즈미 총리의 퇴진이후에도 자민당 총리의 무능함과 실정을 지속적으로 공격하여 자민당에 대한 국민들의 분노와 자극을 이끌어 내었다. 오자와의 이러한 리더십이 바로 2007년 참의원 선거에서 민주당 승리로 이어진 것이다.

〈그림 4-1〉 민주당의 탄생과정

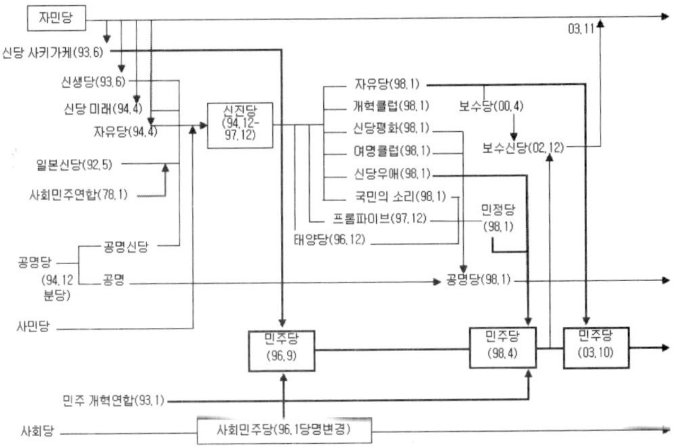

편 능 개혁법안 처리를 둘러싼 당내 갈등을 계기로 탈당을 감행하였고, 하타와 함께 신생당을 창당하였다. 이후 1994년 비자민 연립정권이 출범하는데 주도적인 역할을 하였으며, 비자민 연립정권이 무너지자 다시 신진당을 결성하여 자민당에 맞서기도 하였다. 1996년 참의원 선거 패배를 계기로 신진당이 해체되자 또 다시 자유당을 창당하였으며, 1999년에는 자민당, 공명당과 함께 연립정권을 구성하기도 하였다. 그러나 정권운영을 둘러싼 갈등으로 인해 2000년 4월 연립정권에서 탈퇴하였고, 2003년 9월 자유당을 해체 시킨 뒤 당시 하토야마가 이끈 민주당에 합류하였다. 그리고 2006년 당 대표로 선출되면서 정권창출의 토대를 만들어 나갔다.

그러나 오자와는 정치헌금 수수 의혹으로 인해 2009년 중의원 선거를 앞두고 당 대표직을 하토야마에게 물려주었다. 그럼에도 불구하고 2009년 중의원 선거에서 오자와는 각 지역의 후보자 선정, 자금 관리, 전략 관리 문제 등 사실상 전권을 행사하였다.

4. 민주당정부는 어떠한 변화를 이끌수 있을까

민주당 정부는 국민들의 기대만큼이나 제약을 가지고 있어 앞날을 불투명하게 만들고 있다. 먼저 민주당은 '한 지붕밑에 여러 정파들이 모여있는' 다양한 정파들의 집합체이다. 자민당을 탈당한 보수정파에서 과거 사회당의 좌파그룹까지 다양한 이념과 세력들이 공존하고 있어, 합의된 이념이나 권력기반의 창출에 많은 어려움이 있을 것으로 보인다. 더욱이 민주당정부는 오자와의 정당과 하토야마의 내각이라는 이원적 권력을 어떻게 조정할 것인지도 중요하다. 정권교체 과정에서 드러난 오자와의 영향력이 향후 민주당 정부에 어떠한 변수가 될 것인지도 중요하다. 나아가 민주당정부는 연립정부이다. 참의원에서 과반수가 되지 못하기 때문에 사민당과 국민신당과 연합정부를 구성하였다.[7] 연립정부의 운영과정에서 정책적 합의를 이끌어 내는 것이 중요하지만. 이 과정에서 정책적

7. 민주당이 참의원에서 제1당이기는 하나, 과반수(121명)에는 못 미치고 있다. 이는 민주당의 법안이 중의원을 통과하더라도 참의원에서 부결될 가능성이 있는 것이다. 양원의 결정이 다를 경우에는 중의원 의석 (2/3)인 320석의 찬성이 필요하다. 민주당이 군소정당인 사민당, 국민신당 등과 연립정권을 꾸리는 이유도 여기에 있는 것이다.

혼란이 나타날 가능성이 높다.

이러한 정치적 제약에도 불구하고 민주당정부는 과거의 자민당정부와는 다른 정책을 펼칠 것으로 예상된다. 민주당은 선거운동 기간 내내 자민당의 과거 실정을 비판하면서 자민당 정치의 개혁과 청산을 전면에 내세웠다.

먼저 민주당정부는 '관료주도에서 정치주도로'라는 슬로건 아래 정치인이 책임지는 국정운영을 표방하고 있다. 과거 자민당 정권시절에는 실제로 관료들이 정책결정에서 가장 중요한 역할을 하였다. 자민당 의원들은 국가성장의 전략과 정책, 예산 결정의 전 과정에서 전문적 지식과 경험을 갖고 있는 관료들에게 전적으로 의존해왔다. 이러한 관료집단들은 전후 일본의 고도경제성장을 이끈 주역이기도 하였지만 1990년대 이후에는 일본사회의 발전을 가로막는 통제 불능의 집단이라는 지적을 받고 있다. 정치권의 통제에서 벗어난 관료집단은 재임기간동안 각종 특권을 누려왔고, 퇴임 후에는 낙하산 인사天下り 관행이 심각하였다. 이는 곧 일본사회의 부정부패 온상이 되고 말았다. 민주당은 이러한 관료제의 문제점을 타파하기 위해 예산이나 국가의 비전을 책정하기 위한 '국가전략국'을 실시하고, 정부의 의사결정에 중요한 역할을 한 사무차관회의를 폐지하였다.

그리고 민주당 정부는 고이즈미정권에 남긴 구조개혁의 후유증을 해소하는데 중점을 두고자 한다. 민주당은 일본사회의 당면 과제로 "시장근본주의와 금융자본주의를 종식시키고, 서민의 생계와 재정보호"를 제시하고 있다. 또한 세계화가 진행되면서 무시되었던 '복지와 보건체계', '교육과 보육지원', '빈부격차'를 줄일 수 있는 정책들을 발전시키자고 주장한다. 민주당은 이에 대한 일환으로 아동수당의 지급, 고등학교까지 무상교육 확대, 자동차에 관한 잠정세율 폐지, 고속도로 통행료의 원칙적 무료화, 농가에 대한 세대별 소득보상제도 등을 표방하였다. 또한 제조업의 파견노동 허용에 대해서도 제약을 가하고, 가능한 전문 직종에 한해서만 파견노동을 허용할 계획을 가지고 있다.

민주당 정부는 외교에 있어서도 자민당과 다른 입장을 취하고 있다. 민주당은 '긴밀하며 대등한 대미관계', '아시아 외교의 강화'를 주장하고 있다. 민주당은 선거기간 내내 미일지위협정 개정의 불가피성을 거듭 강조하였으며, 주일미군 재편문제에서도 재검토입장을 분명히 해왔다. 오키나와현 후텐마 미군기지 이전에 대해서도 기존의 합의와는 달리 오키나와 밖으로의 이전을 요구하고 있다. 해상자위대의 인도양에서의 다국적군 급유지원활동도 연장하지 않는다는 방침을 세웠다. 특히 민주당은 하토야마 총리의 '우애友愛'라는 이념을 바탕으로 이웃국가들과의 관계회복을 추구하고 있다. 이에 대한 해결방안으로 민주당은 야스쿠니신사 문제로 이웃국가와 마찰을 일으키지 않기 위해 국립 추도시설을 추진하고 있으며, 동아시아 공동체를 주장하고 있다. 실제 하토야마 총리는 이전 자민당 총리들과는 달리 유엔총회 참석을 위해 미국을 방문한 것을 제외할 경우 정상회담을 위해 외국을 방문한 최초의 국가가 한국이었으며, 다음이 중국이었다. 하토야마 총리는 한국과 중국을 방문, 제2차 대전 가해자로서 양국에 피해를 준 과거사에 대해서도 진솔하게 반성한다는 입장을 피력했다. 또 일본의 과거 침략전쟁을 반성하고 사죄한 무라야마村山 담화를 계승하겠다는 입장도 여러 차례 밝혔다.

그런데 민주당이 이러한 정책노선을 실현하기 위해서는 넘어야할 제약도 많다. 우선 민주당이 서민을 위한 정책을 실행하기 위해서는 천문학적인 자금이 필요하다. 특히 일본정부는 심각한 재정적자 상태에 있다. 그럼에도 불구하고 민주당은 소비세 증세에 부정적 입장을 보이고 있다. 이 때문에 민주당은 언론과 경제계로부터 '바라마키식バラマキ; 무모한'이라며 강한 비난을 받고 있는 것도 사실이다.

관료의 저항을 극복하기도 쉽지 않다. 고이즈미 정권시절에도 '작은 정부'라는 명목으로 각 성청의 통폐합과 재편, 공무원 제도의 개혁 등 관료개혁을 시도하였지만, 그러나 아베, 후쿠다, 아소로 이어지는 과정에서 다시 원점으로 돌아간 바 있다.

민주당 정부가 제시한 미일관계와 아시아 외교 사이의 균형을 실현하기 위해서는, 미국과 아시아 사이의 양자택일적 관계설정을 대체하는 새로운 접근법이 요구되나, 자칫 국내외적인 반대와 저항에 직면할 우려가 있기 때문에 구체적인 미일동맹 재조정의 범위 등을 내놓지 못하고 있다. 또한 민주당은 영토문제, 역사교과서 문제 등과 관련해서 자민당과 유사한 태도를 견지하고 있어, 이웃국가들과의 근본적인 관계회복 역시 쉽지 않은 상태다.

■ 참고문헌

고든, 앤드류. 2005.『현대일본의 역사』. 이산.

김기석. 2006. "동아시아 지역주의와 일본."『21세기 동북아공동체 형성의 과제와 전망』. 한울아카데미.

______. 2007. "일본 경제는 어떻게 소생하였으며 어디로 가는가?"『일본공간』. 창간호. 국민대학교 일본연구소.

김동호. 2002.『일본소니가 한국삼성에 따라잡히는 이유』. 창작시대.

김성철 편. 2000.『일본의 외교정책』. 세종연구소.

________. 2007.『일본외교와 동북아』. 한울아카데미.

김용복. 2001. "21세기 일본의 방향: 위기, 개혁, 그리고 동아시아."『역사비평』. 역사문제연구소.

______. 2002.『엔블록과 동아시아 경제』. 책세상.

______. 2003. "금융자유화와 일본의 금융개혁: 일본형 금융시스템의 위기와 변용."『21세기정치학회보』. 제13권 2호. 21세기 정치학회.

______. 2005. "일본장기침체의 정치경제."『한국과 국제정치』. 제20권 1호. 경남대 극동문제연구소.

______. 2006. "권력구조개혁과 정치리더십: 일본의 수상공선제론에 대한 비판적 연구."『사회과학연구』. 제1호. 서강대 사회과학 연구소.

______. 2006. “국제협상에 있어 일본의 대응전략: WTO 농산물 협상을 중심으로.” 『일본연구논총』. 24권1호. 현대일본학회.
김필동. 2005. 『일본적 가치로 본 현대일본』. 제이엔씨.
김호섭 외. 2000. 『일본우익 연구』. 중심.
나카무라 아키라. 다케시타 유즈루. 1995. 『일본의 정책과정: 자민당, 야당, 관료』. 이시원 외 역. 대영문화사.
나카소네 야스히로. 2001. 『21세기 일본의 국가전략』. 박철희・오영환 역. 시공사.
노구치 유키오. 1993. 『버블경제』. 소정선 역. 말길.
다니엘, 노. 2006. 『우경화하는 신의 나라』. 랜덤하우스코리아.
다카아시 조센. 2002. 『사라진 일본경제의 기적』. 곽해선 역. 다락원.
마쓰미 준노스케. 1988. 『일본의 전후정치: 1945-1955』. 이경희역. 대광문화사.
매코맥, 개번. 1998. 『일본, 허울뿐인 풍요』. 한경구 외 역. 창작과비평사.
______. 2008. 『종속국가 일본』. 이기호 외 역. 창비.
모리 카즈모. 2006. 『중일관계』. 조진구 역. 리북.
박규태. 2001. 『아마테라스에서 모노노케 히메까지: 종교로 읽는 일본인의 마음』. 책세상.
박정훈. 2003. 『닛폰의 실패를 배운다』. 바다출판사.
박훈 외. 2008. 『일본 우익의 어제와 오늘』. 동북아 역사재단.
야마구치 지로. 2002. 『위기의 일본정치』. 이원딕 역. 일신시.
양기호. 1997. “96년 일본중의원 총선거와 소선거구제비판에 대한 검토.” 한국정치학회 4월 월례발표회 발표문.
에모트, 빌. 2005. 『일본부활』. 유강은 역. 랜덤하우스.
오노고지. 1998. 『일본현대정치사 1945-1998』. 케이시아 아카데미.
요시마 순야 외 .1998. “잡지미디어와 내셔널리즘의 소비.” 이규수 역. 『국가주의를 넘어서』. 삼인.
우카이 사토치 외. 2006. 『반일과 동아시아』. 소명.
이갑윤. 1995. “일본의 정당과 선거.” 『일본・일본학』. 오름.

______. 1996. "일본정당제의 변화: 정치개편과 정계개편." 『지역연구』(겨울호). 서울대학교 지역종합연구소.
이상훈. 2004. "일본사회당의 정치사적 의미와 쇠퇴에 관한 연구." 『일본연구논총』. 제19권.
이시하라 신타로. 2004. 『NO라고 말할 수 있는 일본경제』. 이용덕 역. 제이앤씨.
이오키베 마코토 외. 2002. 『일본외교 어제와 오늘』. 조양욱 역. 다락원.
조재욱. 2008. "중일협조체제와 동아시아 지역경제통합." 『국가전략』. 제14권 3호. 세종연구소.
______. 2008. "동아시아 통화 · 금융협력과 일본: 동인, 구상 그리고 한계." 『한국과 국제정치』. 제24권 3호. 경남대 극동문제연구소.
______. 2008. "동아시아에 대한 일본의 FTA정책과 한계." 『국제지역연구』. 한국외국어대 외국학종합연구센터.
키타오카 신이치. 2009. 『유엔과 일본외교』. 조진구 역. 전략과 문화.
필드, 노마. 1999. "일본경제와 내셔널리즘." 『당대비평』. 제 9호. 생각의 나무.
현대일본학회 편. 2007. 『일본정치론』. 논형.
후꾸오카 마사유키. 1987. 『현대일본의 정당정치』. 허재일 역. 평민서당.
히라노 히로시 외. 2004. 『일본정치의 이해』. 이성환 역. 푸른미디어.

廣野好彦. 2004. 『日本外交史ノ-ト：第一次世界大戦から現代まで』. 晃洋書房.
橘木俊詔. 1998. 『日本の経済格差-所得と資産から考える』. 岩波新書.
金子勝 外. 2008. 『世界金融危機』. 岩波書店.
大竹文雄・斉藤誠. 1999. "所得不平等化の背景とその政策的含意." 『季刊社会保障研究』.
東京大學社會科學研究所. 2005. 『失われた十年を超えて[1]：經濟危

機の教訓』. 東京大學出版會.
鈴木棟一. 2006.『小泉政權50の功罪』. ダイヤモンド社.
山家悠紀夫. 2006. "實感なき景氣回復を讀み解く."『世界』(3月).
山影進. 2004.『東アジア地域主義と日本外交』. 日本國際貿易促進協會.
山田昌弘. 2005.『希望格差社會』. 筑摩書房文庫.
西野智彦. 2001.『檢証, 經濟迷走』. 岩波書店.
石川眞澄. 1996. "歪められた民意."『世界』(12月).
小林慶一郎.加藤創太. 2001.『日本經濟のわな』. 日本經濟新聞社.
小川一夫. 竹中平藏. 2001.『政策危機と日本・經濟』. 日本評論社.
小澤一郎. 1994.『日本改造計劃』. 講談社.
阿部齊・新藤宗幸・川人貞史. 1995.『概說現代日本の政治』. 東京大學出版會.
野口悠紀雄. 1995.『1940年體制：さらば "戰時經濟"』. 東洋經濟新報社.
五百旗頭眞. 2006.『戰後日本外交史』. 有斐閣.
外岡秀俊. 2001.『日米同盟半世紀: 安保と密約』. 朝日新聞社.
勇上和史. 2003. "日本の所得格差をどうみるか一格差拡大の要因をさぐる."『JIL 勞動政策レポート』. 3号. 日本労働研究機構.
原田泰. 2000.『日本の失われた十年』. 日本經濟新聞社.
日本經濟企劃廳.『經濟白書』. 各年度.
日本經濟産業省. 2004.『平成 15年 製造基盤白書』.
日本國立社會保障・人口問題研究所. 2000.『日本の將來推計人口』.
日本國土交通省.『公示地價』. 各年度.
____________. 2003.『國土交通白書』.
日本內閣府. 2004.『國民生活世論調査』.
日本防衛省.『防衛白書』. 各年度.
日本總務省. 2008.『日本の統計』.
__________.『家計調査』. 各年度.
日本厚生勞動省. 2005.『生命表』.
____________. 2005.『人口動態推計』.

______________. 2006.『平成18年度所得再分配調査』.
森本哲郎. 2006.『現代日本の政治と政策』. 法律文化社.
猪口孝. 2005.『國際政治の見方: 9.11後の日本外交』. 筑摩書房.
猪野健治. 2005.『日本の右翼』. ちくま文庫.
田中伸尙. 2003.『靖国の戰後史』. 岩波新書.
佐藤誠, 1990.『リゾート列島』. 岩波新書.
佐藤俊樹. 2000.『不平等社会日本-さよなら総中流』. 中央公論新社.
佐藤眞人. 2002.『日本經濟の構造改革』. 櫻井書店.
中野實. 1995.『日本の政治力學：誰が政策を決めるのか』. NHKブックス.
千葉眞. 1996. "政治の敗北, だが希望は捨てない."『世界』(12月). 岩波書店.
淺井基文. 1991.『日本・外交 の反省と轉換』. 岩波新書.
片山杜秀. 2007.『近代日本の右翼思想』. 講談社.
浦田秀次郎・日本經濟研究所センタ 編. 2002.『日本のFTA戰略: 新たな開國が競爭力を生む』. 日本經濟新聞社.

Armitage, Richard L. and Joseph S. Nye. 2000. *The United States and Japan Advancing Toward a Mature Partnership*. Washington, D.C.: Institute for National Strategic Studies, National Defense University.
________. 2007. The *U.S.-Japan Alliance: Getting Asia Right through 2020*. Washington D.C.: CSIS.
Caryl, Christian. 2005. "A Very Lonely Japan." *Newsweek*. Oct. 31.
Curtis, Gerald L. 2000. *The Logic of Japanese politics: leaders, institutions, and the limit*. Columbia University Press.
______. 2002. *Policymaking in Japan: Defining the Role of Politicians*. Japan Center for International Exchange
Emmott, Bill. 1991. *The Sun Also Sets: The Limits to Japan's Economic Power*. Touchstone.
Fumiko Fujisaki. "All Best off at Slumping Links." *Japan Times*.

April 20. 1994.

Green, Michael J. and Mike M. Mochizuki. 1998. *The U.S.-Japan Security Alliance in the 21st Century: Prospects for Incremental Change, The Council on Foreign Relations.* Council on Foreign Relations Press.

Johnson, Chalmers. 1982. *MITI and the Japanese Miracle: The Growth of Industrial Policy*, 1925-1975. Stanford University Press.

Mulgan, Aurelia G. 2003. *Japan's Failed Revolution: Koizumi and the Politics of Economic Reform.* Asia Pacific Press.

Pempel, T.J. 1988. Japan: *The Dilemmas of Success.* Foreign Policy Assn.

______. 1998. *Uncommon Democracies.* Cornell University Press.

______. 1997. "Regime Shift: Japanese Politics in a Changing World Economy." *Journal of Japanese Studies.* 23:2.

Sakaraguchi Chikara. 2002. "Japanese face extinction due to low birthrate: health minister." *Japan Time.* 22 May.

Sartori, G. 1976. *Parties and Party Systems: A Framework for Analysis.* Cambridge University Press.

Saxonhouse, Gary. Robert Stern. 2004. *Japan's Lost Decade: Origins, Consequences and Prospects for Recovery.* Wiley-Blackwell.

Seraphim, Franziska. 2008. *War Memory and Social Politics in Japan, 1945-2005.* Harvard University Asia Center.

Tomohito. Shinoda. 2007. *Koizumi Diplomacy : Japan's Kantei Approach to Foreign and Defense Affairs.* Univ of Washington Press.

U.S. Department of Commerce. 1988. *Highlight of US Export and Import Trade.*

Vogel, Ezra. 1979. *Japan as Number One.* Harvard University Press.

Wolferen, Karel Van. 1990. *The Enigma of Japanese Power: People*

and Politics in a Stateless Nation. A. A. Knopf.
Wright, Maurics. 2002. *Japan's Fiscal Crisis*. Oxford University Press.
Yamamur Kozo. 1997. "The Japanese Political Economy after the Bubble." *Journal of Japanese Studies*. Vol. 23, No 2.

"잃어버린 10년"의 정치경제
위기의 일본, 변화의 일본

김용복 · 조재욱 지음

초판1쇄 발행 2009년 4월 2일
초판3쇄 발행 2010년 3월 2일

펴낸이 박재규
펴낸곳 경남대학교 출판부

주소 경남 마산시 월영동 449
전화 055) 243-2330 · 249-2074
팩스 055) 249-2073
전자우편 ko10@kyungnam.ac.kr

ISBN 978-89-8421-293-0-93320

값 6,500원